W0072569

JOHANNES EHRMANN

Die Winzigkeit des Glücks

Weiterer Titel des Autors:
Großer Bruder Zorn

Über den Autor:

Johannes Ehrmann, geboren 1983, arbeitet als freier Journalist und Schriftsteller. Für seine Reportagen und Essays erhielt er den Theodor-Wolff-Preis und den Grimme Online Award. Sein viel beachteter Debütroman Großer Bruder Zorn (Eichborn 2016) war für den Klaus-Michael-Kühne-Preis nominiert. Er lebt mit seiner Familie in Berlin.

Johannes
EHRMANN

Die
Winzigkeit
des
Glücks

*Brief an
meine Töchter*

Dieser Titel ist auch als E-Book erschienen.

Eichborn Verlag in der Bastei Lübbe AG

Originalausgabe

Copyright © 2017 by Bastei Lübbe AG, Köln
Umschlaggestaltung: Lukas Niehaus
Satz: hanseatenSatz-bremen, Bremen
Gesetzt aus der Adobe Garamond Pro
Druck und Einband: GGP Media GmbH, Pößneck
Printed in Germany
ISBN 978-3-8479-0034-4

5   4   3   2   1

Sie finden uns im Internet unter
www.eichborn.de
Bitte beachten Sie auch: www.luebbe.de

Ein verlagsneues Buch kostet in Deutschland und Österreich jeweils überall dasselbe. Damit die kulturelle Vielfalt erhalten und für die Leser bezahlbar bleibt, gibt es die gesetzliche Buchpreisbindung. Ob im Internet, in der Großbuchhandlung, beim lokalen Buchhändler, im Dorf oder in der Großstadt – überall bekommen Sie Ihre verlagsneuen Bücher zum selben Preis.

Für Frida und Ella

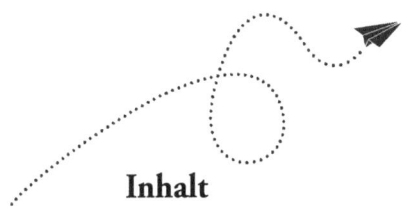

Inhalt

Anfang

Es ist spät, tiefe Nacht, die zweite nach eurer Geburt, und wir sind zusammen in dem kleinen Raum rechts vom Gang. Tagsüber vermessen sie hier die Babys, wiegen die neuen Leben in der kleinen Schale drüben auf der Arbeitszeile, nehmen ihre Temperatur und betupfen den Nabel. Nachts aber kommt niemand hierher.

Ich sitze am Fenster, schräg auf meinem Sessel, die Beine über der Lehne, die Wärme der Heizung im Rücken. Ab und zu höre ich eine Stimme hinter mir im Hof oder zwei, wenn wieder jemand raucht, um sich die Zeit zu vertreiben oder die Angst. Sie tragen Schals da draußen, Schals oder Mützen, aber hier drinnen ist es warm, warm und dunkel, fast ganz dunkel, nur zwei gedimmte Lämpchen leuchten schwach hinten über der Wickelauflage. Ich sitze mit dem Rücken zum Fenster, euer hölzernes Gitterbettchen vor Augen mit den Rollen unter den vier Füßen und der gepolsterten Umrandung, die euch von allen Seiten schützt vor Zugluft und vor Blicken.

Ich sollte schlafen wollen und kann euch atmen hören.

Ja, wenn ich ganz still bin und mich nicht bewege, dann kann ich es hören. Zwei leise, schnelle Atem, die sich alle paar Sekunden durchkreuzen, und ab und zu ein leises Seufzen von einer von euch beiden.

Ich kann euch beim Leben zuhören, denke ich. Frida und Ella, meine Töchter. Ein seltsamer Satz, ich kann immer noch kaum ahnen, was er bedeutet.

Ich nehme die Beine von der Lehne und setze mich auf. Ich trinke den letzten Rest Tee und warte auf die Müdigkeit, aber sie will noch nicht kommen. Ich weiß nicht, wie viel Uhr es ist, zwei, halb drei vielleicht? Ich warte auf ein Geräusch, eine Bewegung, irgendetwas, das diesen Moment durchbrechen wird, diese tiefe Ruhe der Nacht. Aber alles bleibt still.

Sehen kann ich euch nicht von hier aus, ich sitze zu tief, aber ihr seid da, das weiß ich. Ich könnte jederzeit aufstehen und nachsehen, und ihr würdet noch da liegen wie beim letzten Mal, still auf dem Rücken, die Köpfchen zur Seite, ganz erschöpft vom Trinken und vom Hiersein.

Ich nehme das Handy aus der Hosentasche und sehe nach der Uhrzeit. Zwanzig nach zwei. Ich versuche auszurechnen, wie lange eure Mutter schon schläft, aber ich habe vergessen, wann ich mit euch aus dem Zimmer bin, war es elf oder zwölf? Ich glaube, eher zwölf. Sie braucht Erholung, eure Mutter, etwas Schlaf, endlich ein paar Minuten Ruhe, in denen sie nicht ständig nach euch schauen muss, nicht von jedem eurer kleinen Geräusche hochfährt, aus Sorge und vor Schreck, so wie wir es beide tun, wenn wir im Halbschlaf neben euch liegen drüben in unserem Familienzimmer, ein paar Schritte den Gang hinunter.

Alles ist so neu, alles unsicher, alle paar Minuten scheint sich irgendetwas ganz grundlegend zu verändern, ein Schnaufen, ein Fiepen in eurer Lunge, das wir nie gehört haben, und nie wissen wir, ist es normal, schlimm oder vielleicht kritisch? Alles normal, sagt dann die Schwester und lächelt ihr abgeklärtes Schwesternlächeln, bevor sie die Tür wieder hinter sich zumacht und weiter eilt zu den nächsten Eltern, die nicht schlafen können.

Alles gut, keine Sorge, sie sagt es wieder und wieder, die Schwester, im Ton der tausendfachen Routine, aber was sie jeden Tag sieht, das wirkt alles so zerbrechlich für uns, für eure Mutter vielleicht noch ein bisschen mehr als für mich. In der ersten Nacht hat sie kein Auge zugetan, ich bin mir sicher, auch wenn sie es abstreitet.

12

Drei Stunden, denke ich. Drei Stunden Ruhe wären gut für sie, vielleicht schaffen wir vier. Ich kann euch Fläschchen geben, wenn ihr aufwacht, dann haben wir wieder eine Stunde gewonnen oder zwei. Seit wann sitzen wir hier? Seit wann schlaft ihr wieder? Ich weiß es nicht. Bald schon werdet ihr wieder wach sein, blinzelnd, durstig. Ihr nehmt die Welt noch in solch kleinen Portionen auf, 20 Milliliter, manchmal auch nur zehn, anderthalb Stunden Schlaf am Stück, wenn es gut läuft. Ihr seid kaum angekommen, zwei Fliegengewichte, die erst mal darum kämpfen müssen, wieder auf zweieinhalb Kilo zu kommen. Der Blutzucker ist zu niedrig, sagt uns die Schwester, eure Temperatur eigentlich auch, ihr trinkt noch nicht genug. Alle paar Stunden wird wieder nachgemessen, irgendetwas irgendwo eingetragen, immer noch nicht hoch genug.

Das wird schon, sagt man uns, es geht alles so schnell, warten Sie nur ab. Aber wir können noch nicht an morgen denken oder an in vier Wochen, eure Mutter und ich, wir leben nur im Hier und Jetzt. Es geht um die reine Existenz, ein paar Minuten Schlaf, ein paar Bissen Essen vom Plastiktablett, dann schon die nächste Untersuchung und noch mal eine. Alles in Ordnung? Ja, alles in Ordnung. Nur der Zucker, die Temperatur. Also decken wir euch wieder gut zu, wickeln zwei Handtücher um jeden Schlafsack, stellen das Wärmebettchen auf 37 Grad, die Tür bleibt zu, die Fenster kurz gekippt für etwas Frischluft, bloß keinen Durchzug jetzt bei null Grad draußen oder weniger. Wir Großen sind eh schon beide krank, die Nase läuft, der Hals ist geschwollen, das viel zu warme Zimmer, die Anstrengung, die Emotion, wer weiß.

Und doch spüre ich jetzt nichts, gar nichts von all dem, ich weiß nicht, warum. Als wären wir beschützt hier drinnen in unserem winzigen Versteck.

Draußen auf dem Gang ist irgendwo das Rufsignal losgegangen, und ich höre die Schritte der Nachtschwester auf dem Linoleum quietschen. Nicht mehr lange, dann wird sie hereinkommen zu uns, sie, die Einzige, die von unserer Anwesenheit weiß. Dann wird sie euch auspacken und schon wieder in die Füßchen stechen, den dunkelroten Tropfen auf die Messfläche fallen lassen. Und wir werden wieder alle zusammen aufs Display starren, der Wert, wie hoch ist er, der verdammte Grenzwert, 45 braucht ihr, 39 waren es beim letzten Mal, trinken, viel mehr trinken müsst ihr! Ihr könnt noch nicht. Wisst noch nicht, wie.

Ich stelle die Teetasse neben den Sessel auf den Boden, stehe auf, strecke mich, drehe mich um und mache vorsichtig das Fenster auf. Die eiskalte Luft auf meinem Gesicht erinnert mich daran, dass es da draußen auch noch eine Welt gibt, die echte. Der Hof ist still und menschenleer. Drüben

14

in der Notaufnahme sind die Vorhänge zugezogen. Es sind die kleinen Stunden, in denen man zu hören glaubt, wie die Erde sich dreht.

Leise mache ich das Fenster wieder zu und setze ein, zwei Schritte in den Raum, hinüber zu euch. Ich kann eure Köpfchen sehen mit den winzigen bunten Wollmützen, wie zwei Andenkinder seht ihr aus. Ich sehe die Träger eurer gestreiften Schlafsäcke, die euch noch viel zu groß sind, weiche Hüllen mit dem Schriftzug des Krankenhauses auf der Brust. Ihr gehört noch nicht ganz uns.

Noch ein paar Tage müssen wir hierbleiben, drei oder vier, erst am Sonntag werden sie uns gehen lassen, wenn alles okay ist, oder am Montagmorgen. Es scheint noch so weit weg. Dabei steht das Auto nur ein paar Meter die Straße hinunter, von unserem Zimmer aus kann ich es sehen durch die kahlen Äste der Bäume, die auf dem leeren Spielplatz stehen. Der alte, eckige Kombi mit dem kaputten Kat, der noch auf meinen Vater zugelassen ist, er wartet auf uns, auf der Rückbank die beiden Sitzschalen, ganz leer und kalt und unbenutzt. Nur noch ein paar Tage, dann werde ich ihn anlassen, ihr auf der Rückbank hinter uns, dick verpackt und festgeschnallt. Ich male mir den Weg nach Hause aus, links auf die Hauptstraße, drei große Kreuzungen weiter rechts runter auf die Stadtautobahn. Und dann?

Ja, wohin dann?

In die Wohnung erst mal, klar, in unsere zwei Zimmer, die uns sofort zu klein sein werden, wir haben uns über Nacht verdoppelt, und alle vier müssen wir uns nun einen neuen Platz suchen. Wo wird er sein? In welchem Winkel der Stadt, an welcher Ecke, welchem S-Bahnhof?

Ich höre ein Geräusch von einer von euch beiden, wie ein sanftes Knurren, das langsam lauter wird und dann plötzlich verstummt. Ich beuge mich über euer Bettchen und sehe nach, ob etwas ist, ob ihr aufgewacht seid. Aber ihr liegt immer noch unverändert da, mit geschlossenen Augen, die Köpfe zueinandergedreht, die Fäuste nach oben gereckt, wie zwei erschöpfte Revolutionäre.

Hier sind wir also, hier, wo alles anfängt und aufhört, am Hauptbahnhof unserer Art, wo wir ankommen und abfahren oder vielleicht noch mal umsteigen. Hier seid ihr nun, bei uns, und es wird jetzt alles auf euch zukommen. Nicht mehr gefiltert und leise wie in den letzten Monaten, als noch jede von euch für sich war und ihr beide dicht beisammen im Bauch eurer Mutter und alles seinen Lauf ging. Jetzt nicht mehr. Jetzt verlasst ihr euch auf uns, in eurer zweiten Nacht hier draußen, zwei Zwerge, die noch kaum mehr als alleine atmen können, es ist schwer zu glauben, wie das alles

16

gehen soll. So vieles, was wir noch nicht wissen, viel zu viel. Es kommt mir vor wie mit dem Fahrrad oben auf dem Berg, der Moment, wenn die Kuppe aufhört und die Abfahrt beginnt. Alles beschleunigt sich, ein letzter Tritt in die Pedale, dann fängt schon der Lenker an zu zittern, und der Fahrtwind treibt uns die Tränen aus den Augenwinkeln.

Noch ist es kalt, nicht mal März, bald schon wird es wärmer werden. Ihr werdet in einen Frühling hineingeboren, schöner kann es doch nicht sein, oder? Wann wird er kommen, wann wird es die letzte Nacht frieren, wann werden die Kirschbäume am Park weiß, wann ist schon alles grün? Wann hört ihr euer erstes Gewitter, wann kommt die erste weite Reise, wann das erste Lächeln, das erste Wort? Wo wird unsere Wohnung sein, wo euer erstes Kinderzimmer? Werden wir uns etwas Schönes leisten können in dieser großen weiten Stadt, die doch jeden Tag enger zu werden scheint, voller, teurer.

Es wird schon werden, denke ich, aber wer sagt das eigentlich? Wer garantiert uns das? Was wissen wir schon? Was ist das für eine Welt, in die ihr da kommt? Wie werdet ihr sie sehen, ihr beiden, und wie wird sie sein zu euch, diese Welt und ihre Bewohner, die Menschen, die ihr trefft, wen werdet ihr lieben, wem die kalte Schulter zeigen, wen heimlich bewundern?

Wo seid ihr hier nur gelandet? Die Nachrichten voller Krieg und Vertreibung. Bomben und Gewehre jetzt auch bei uns vor der Tür, in Europas Innenstädten. Ist es hier und jetzt nicht schlimmer, gefährlicher, dunkler als all die Jahre vorher, als in meiner Kindheit, oder kommt mir das nur so vor? Wegen euch, wegen der Sorge der ersten Tage, wegen all dem, was da jetzt auf uns zukommt?

Werden wir einen guten Platz für euch finden, in dieser Stadt, in diesem Leben? Wer sind wir überhaupt, eure Mutter und ich? Wissen wir das? Werden wir es euch sagen können? Was werden wir euch geben können, was mit euch teilen, welche Worte finden, wann den Mund halten, damit ihr das alles besser ertragt?

Es gibt so viel, was ich euch erzählen will, aber es ist nicht leicht. Nicht für alles gibt es die richtigen Worte. Erst vor ein paar Tagen, dieser Blick von meinem Schreibtisch, das Licht über dem Park, in der Stunde zwischen Dämmerung und Tag, dieses wundersame Licht und die frische Spur im Schnee. Das muss wieder der Fuchs gewesen sein, mitten in der Stadt, er lebt da irgendwo im Park und streift herum, und man kann seine weiße Schwanzspitze leuchten sehen in der Dämmerung, wenn man lange genug am Fenster sitzt und Glück hat.

Ich höre ein Geräusch und schaue auf. Die Nachtschwester steht in der halb geöffneten Tür, eine kleine resolute Person, ganz in Weiß in Hemd und Hose, sie hat uns nicht vergessen. Ich hebe den Daumen, alles in Ordnung. Sie hat gemerkt, dass ihr noch schlaft, flüstert, dass ich sie rufen soll, wenn ihr wieder aufwacht. Ein kurzes Lächeln, dann geht schon wieder hinter ihr das Rufsignal los, sie drückt die Tür ins Schloss. Kurz bekomme ich Angst, dass ihr aufwacht, aber ihr tut keinen Mucks.

Ich schleiche zurück zum Sessel und setze mich hin. Ich denke an unseren Fuchs, den Fuchs vom Mauerpark. Werde ich ihn euch noch zeigen können? Schon sind die Bagger da, die LKWs rollen in langer Kolonne am Haus vorbei. Baum um Baum wurde gefällt, tonnenweise Erde ausgehoben für die Fundamente, der ganze Nordteil des Parks wird zugebaut, Hunderte neue Wohnungen für die Menschen der Stadt, für die einen mehr, für die anderen weniger. Die Armen dämpfen hinten an der S-Bahn den Schall, die Reichen bekommen vorne teures Eigentum mit Grünblick.

Die Stadt wird eine andere. Und ihr werdet nicht wissen, wie es mal war, werdet es vielleicht erahnen, davon lesen oder euch erzählen lassen, oder es ist euch ganz egal. Ihr werdet schön finden, was ihr schön findet, und schlimm, was euch stört, und über vieles, was ich beklage, werdet ihr nicht mal die Schultern zucken. Ihr werdet nicht die Menschen kennenlernen, die ich gekannt habe, nicht alle und nicht so, wie sie waren, aber ich kann euch von ihnen erzählen. Das ist der Trost, den wir haben.

Ich will euch schreiben, denke ich dann, beseelt vom Halbdunkel der Nacht und der Bedeutung des ersten Moments. Ich will euch von allem erzählen, was mir wichtig scheint, will euch sagen, wer wir sind, wo wir leben. Will versuchen für euch zu beschreiben, was das für Zeiten sind, in die ihr kommt, was ich von ihnen weiß und von dem Ort, an dem ihr leben werdet. Vielleicht kann das helfen. Was bleibt uns, außer es zu versuchen?

Noch einmal stehe ich auf, beuge mich vor, sehe eure Gesichter im warmen Licht. Ihr habt die Köpfe gedreht und schaut euch an mit geschlossenen Augen. Ich schaue euch beim Schlafen zu. Bald gehen wir da wieder raus, denke ich, aber noch nicht, jetzt noch nicht.

Dann setze mich wieder in meinen Sessel am Fenster und hole mein altes Schreibhandy heraus. Das Display wird hell. Ich öffne das Textprogramm und mache eine neue Seite auf. Ich sehe die beleuchteten Buchstaben der Tastatur. Ich lehne mich vor und fange an.

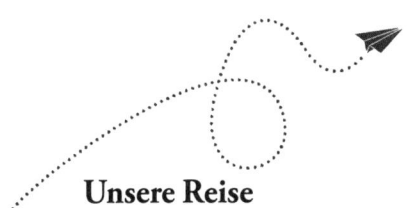

Unsere Reise

Wir sitzen im Auto, Papa wie immer vorne links, neben ihm Mama und dahinter ich in meinem schwarzen Römer-Sitz mit dem orangefarbenen Pult. Wir fahren durch den Sommer, eine enge Straße, wir kommen zwischen steilen Felswänden hindurch, der Wagen legt sich in die Kurve, dann sind die Felsen weg, und alles reißt auf. Wir sind im Freien, ich höre das Klavier aus dem Kassettenradio, und unter uns liegt golden glitzernd das Meer.

Das ist sie, meine erste Erinnerung, der älteste Moment, der in mir geblieben ist. Bis heute hat nichts und niemand ihn verdrängen können aus dem alten Winkel meines Wesens. Ich kann ihn spüren, wenn ich will, diesen Augenblick, diesen Gefühlsakkord, ich muss drei gewesen sein oder vier. Irgendwann, Jahre später, ist mir die Kassette wieder in die Hände gefallen, und ich habe das Klavier gehört, das Schlagzeug, die Stimme des Sängers, *that's just the way it is*, und alles war wieder da. Da saß ich wieder, hinten rechts in unserem gelben Passat Kombi, die Nase an der Scheibe, ein heißer Sommer gegen Ende eines Jahrtausends, das ihr nie kennen werdet.

Das Licht, das Meer… Ich kann es sehen, wenn ich will. Den Ort, an dem alles losgegangen ist, manchmal hole ich ihn hervor von da unten, dann erfüllt er mich für eine Weile und hilft mir beim Weitermachen.

Weit weg das Meer, weit weg die Berge von der großen flachen Stadt, unerreichbar die Erinnerung in unseren ersten Wochen mit euch. Unsere Berliner Welt ist winzig, zwei Zimmer für vier Menschen, die Decken scheinen mir noch niedriger als sonst. Wir igeln uns ein, drehen die Heizung auf, stecken euch unter unsere Strickjacken, lassen euch schlafen auf der bloßen Haut. Noch immer schwankt eure Temperatur, sechsunddreißig acht, sechsunddreißig drei, wir sollen noch nicht mit euch nach draußen, wo der falsche Frühling Einzug gehalten hat, die kalte Sonne und der polnische Märzwind.

Immerhin, wir sind zu Hause, *chez nous*, wie eure Mutter am Telefon zu ihren Eltern sagt, am sechsten Tag durften wir gehen, alle vier. Aber etwas hinter sich zu lassen ist das eine, etwas Neues zu beginnen aber noch einmal etwas ganz anderes, das merken wir jetzt.

Alles hatten wir vorbereitet, das Beistellbettchen fest mit zwei Riemen an unser großes Bett gebunden, die schwere Wickelauflage auf die Waschmaschine gehievt, eure Stramp-

23

ler und Bodys und Mützchen sauber gefaltet im Schrank verstaut. Aber nichts ist bereit, das merken wir schnell, am wenigsten wir selbst.

Es dauert Tage, bis wir durchblicken durch all die Bedürfnisse, Wochen, bis wir die nötigen Mengen einschätzen lernen, bis wir vernünftig haushalten können. Ständig brauchen wir irgendwas, dauernd fehlt es hier oder da, Milchpulver, Wickelunterlagen, Fluortabletten aus der Apotheke, wir haben die falschen Schnuller und Fläschchen, ein Sterilisator muss her, ein Flaschenwärmer, schon wieder neue Windeln. Euer Verbrauch ist sofort gigantisch, jeden Morgen landet ein prallvoller Plastiksack im Müll. Jeden zweiten Tag hetze ich aufs Neue hinüber zum Einkaufszentrum, während eure Mutter euch in Schach hält, auf dem Rückweg bringe ich tütenweise Fastfood mit, weil uns zu allem anderen die Zeit fehlt und die Energie.

Plötzlich müssen wir alles selber machen, sind ganz alleine, haben niemanden mehr, der hilft und Rat gibt oder auch nur zuhört, unsere Eltern lange Tagesreisen entfernt, meine in der Pfalz, die eurer Mutter im Burgund, und alle um uns herum sind in ihre eigenen Leben vertieft. Die Hebamme kommt und antwortet nicht auf unsere Fragen, eure Mutter ist verzweifelt, ich genervt. Nachts schlafen wir im Wechsel in getrennten Betten, um wenigstens für ein paar Stun-

24

den zur Ruhe zu kommen, und jeder von uns ist so allein wie der andere.

Wir laufen auf Hochtouren und kommen doch nicht vom Fleck, unser Leben kommt mir vor wie ein Wagen, der mit heulendem Motor auf einem einsamen Parkplatz steht. Wir machen und machen, um mit euren Bedürfnissen Schritt zu halten, wir sind glücklich und verzweifelt, sehen euch in die Augen, die ihr erst nach und nach öffnet, versuchen euch zu verstehen, wollen etwas erkennen in euren Gesichtern, ein Lächeln, ein Zwinkern, war da nicht was?

Für euch beide ist alles noch viel neuer als für uns, selbst an die einfachsten Dinge müsst ihr euch erst gewöhnen, ans Essen und ans Schlafen, an das Licht, den hellen Tag und die tiefe dunkle Nacht. Sobald die Sonne nachmittags nicht mehr ins Wohnzimmer scheint, das Licht sich ändert, fangt ihr an zu schreien. Dann tragen wir euch durch die Wohnung, bis endlich Schlafenszeit ist. Die erste Nachtschicht ist meine, ich versinke in Kissen und Decken, will nie wieder aufstehen, zwei Stunden später ist die Erste von euch wieder wach.

Willkommen im real life, schreibt eine Freundin mit zwei älteren Kindern, aber die Sache ist, es fühlt sich überhaupt nicht so an. War das echte Leben nicht die 33 Jahre davor?

Vom Wohnzimmerfenster sehe ich die Leute drüben im Park, auf Fahrrädern, zu Fuß, junge Pärchen Hand in Hand. Ich sehe mich und eure Mutter in einer Zeit, die so weit weg scheint, denke an unsere kleinen Reisen, an lange Wochenenden in Barcelona und Prag, an Nächte an der Adria und unseren Sommer in Andalusien. Manchmal denke ich, das ist jetzt für immer vorbei, kurz darauf dann wieder, was für ein Blödsinn das ist.

Jetzt macht sich da also wieder ein alter Kombi auf die Reise, denke ich, 30 Jahre später, nur der kleine Junge von damals sitzt nun vorne links und muss zusehen, dass er die Kurven kriegt. Die Sonne, das Licht, das Meer … Was war es, was mich damals so beeindruckt hat? Die Weite des Blicks, die Kraft der Musik, der weite Himmel, die Freiheit der Bewegung, das Glück des ersten echten Sommers im Süden? Vielleicht ja ein bisschen von allem. Vielleicht ist da zum ersten Mal alles zusammengekommen, was Erfüllung und später Sehnsucht macht, im Kopf, im Herzen des kleinen Kinds, auf seiner großen Fahrt ins Helle.

Was wird eure erste große Erinnerung sein, frage ich mich, welcher Ausblick, welcher Song, welcher Himmel, was wird von alldem in euch bleiben? Ist es nur Zufall, oder hat es eine größere Bedeutung, dass es dieser Moment war bei mir und kein anderer? Welche Dinge bleiben uns, und bestimmen sie noch Jahre später unser Handeln? War es wirklich nur ein Augenblick oder am Ende doch mehr? Keiner kann mir ja heute mehr sagen, ob es nicht doch die Verschmelzung von Stunden war, von Tagen, Wochen vielleicht, die Summe aller Teilchen von sechs Wochen Sommerferien, einer ganzen Autoreise (einer ganzen Kindheit sogar?), festgehalten in einem Blick zurück. Ich weiß nicht, was euch einmal beeindrucken wird, vielleicht schon jetzt beeindruckt in diesen ersten wilden Wochen, keiner kann es sagen.

Wenn ihr beide schlaft oder zufrieden seid und sich die Dinge für eine Weile beruhigen, erzählen eure Mutter und ich uns manchmal von eurem Anfang, vom Beginn unserer Reise, er lässt uns nicht los. Zwei Blickwinkel auf die Plötzlichkeit der Ereignisse. Die Monitore, das grüne Tuch, die Stimmen der Ärzte, von denen ich nur die weißen Schlappen sehen konnte, und dann schon dieser Schrei, der mir durch den ganzen Körper gefahren ist, und keine Zeit, zu überlegen, was das heißt. Schon hatte ich etwas im Arm, das ich nie zuvor gesehen hatte, ein Leben, ein neues Leben, eingewickelt in warmen weißen Tüchern. Und dann, keine drei Minuten später, gleich noch eins, auf dem Arm eurer Mutter, so plötzlich alles, so unvermittelt, ein Schrei und dann noch einer, und alles ist über den Haufen geworfen, zwei Paar Augen blinzeln ins grelle Deckenlicht, zwei winzige Wesen aus einer anderen Welt.

27

Ihr selber, Frida und Ella, werdet euch daran natürlich unmöglich erinnern können. Wir werden euch davon erzählen, eines Tages. Und dann? Wohin wird euch eure Reise einmal führen, wohin können wir euch mitnehmen über die Jahre, was werden wir euch zeigen? Möglichst viel, denke ich, Gutes wie Schlechtes, egal, Hauptsache, ihr seht, wie groß diese Welt ist, wie kompliziert und anstrengend und schön.

Es scheint alles so bedeutsam, jede Entscheidung kann alles beeinflussen. Ich sitze auf der Couch im Wohnzimmer, ihr liegt gut angeschnallt in euren gepolsterten Wippstühlchen, eure Beine in Wolldecken gewickelt, die Schnuller im Mund. Ich halte euch mit beiden Füßen in Bewegung, warte darauf, dass ihr einschlaft. Ich höre den Baulärm da draußen, die Lastwagen, die über die Brücke nebenan rumpeln. Ich sehe die braunen Staubschwaden am Balkon vorbeiziehen. Um uns herum werden sie geschlossen, die letzten Lücken der vernarbten Stadt, 600 Wohneinheiten hinten, 100 gegenüber, hochpreisig oder austauschbar oder beides zusammen.

Bald wird hier kein Platz mehr für uns sein, wir müssen weg, das ist klar, unser Schlafzimmer wird feucht, wenn es draußen friert, noch einen Winter wollen wir nicht hier sein, nicht mit euch, es geht nicht. Nur wohin? Ihr braucht bald ein eigenes Zimmer, Platz für zwei Betten, wo sollen wir ihn finden, wo unser neues Zuhause, wenn wir doch nicht mal entschieden sind, wo wir anfangen sollen zu suchen? Wenn etwas frei wird hier in der Gegend, dann ist es zu teuer oder nicht zu bekommen. Und alle, die noch eine bezahlbare Wohnung haben, klammern sich daran, so lange sie können. Die neue Stadt, der Magnet Berlin. Stößt er uns ab?

Ihr fangt an zu murren in euren Stühlen, ich setze mich auf den Rand der Couch und schaukele ein bisschen kräftiger. Ich sehe eure Augen, die groß auf mir ruhen. Ihr scheint schon so viel von mir zu erwarten, euer Blick traut mir mehr zu als ich mir selbst. Noch seid ihr hier drinnen, gut verpackt, noch lassen wir euch nicht los und nicht gehen, noch längst nicht, aber irgendwann müssen wir doch. Irgendwann werdet ihr reisen, erst mit uns, dann auch allein (oder miteinander), weit weg, übers Meer, vielleicht sogar bis ans Ende der Welt, in das Land der sengenden Sonne, wo sie Fußball mit einem Ei spielen und die Tiere ihre Kinder im Beutel durch den Busch tragen. Viel weiter als bis dahin geht es nicht von hier aus, wenn ihr nicht gerade zum Mond wollt.

Melbourne, Australien. Meine erste große Reise alleine war das, in dieses heiße, fremde Land, mit 16 Jahren, genau zwischen der Kindheit und dem Erwachsensein also, dem schwierigsten Alter von allen, weil wir noch so viel lernen müssen und doch schon denken, dass wir alles, alles besser wissen. Eine lange Reise, auf der so viel entstanden ist, nicht zuletzt eine von diesen wunderbaren Freundschaften, die keine Entfernung kennen. Zwei Jungen aus der zehnten Klasse, die nicht viel mehr als der Zufall zusammengeführt hat, der Wunsch, die Sprache des anderen zu lernen. Es wäre so viel einfacher und logischer gewesen, sich nach der Rückkehr schnell wieder aus den Augen zu verlieren. Aber wir sehen uns noch, mein Freund Lachlan und ich, wir besuchen uns immer wieder und lachen dann und trinken und erzählen, wie es der Familie geht und allem anderen. Und wenn ihr eines Tages nach 24 Stunden aus dem Flieger steigt, werden da Menschen sein, denen ihr nicht gleichgültig seid. Was für ein schöner Gedanke: Ihr seid schon auf der ganzen Welt bekannt.

Das also kann passieren, wenn ihr euch auf Reisen begebt, ihr findet neue Menschen, die ein Lächeln in der Seele tragen, und eure Welt wird größer, als sie vorher war.

Es wird nicht leicht gewesen sein für meine Eltern, mich damals ziehen zu lassen, schwerer sicher als für mich. Ich erinnere mich an die letzte Nacht in Deutschland, mein Flug ging frühmorgens von Frankfurt aus, und mein Vater und ich sind mit dem Auto von Berlin aus zu Oma und Opa gefahren, den Eltern meiner Mutter. Bei ihnen schliefen wir, zwei Stunden nur entfernt vom Flughafen im kleinen Saarland, wo ich geboren und aufgewachsen bin, bis ich acht Jahre alt war.

Spät an diesem letzten Abend in Deutschland dann warfen die Jungs von draußen Steinchen an meinen Rollladen, ich hörte sie meinen Namen rufen. Ich war schon im Bett, konnte aber noch nicht schlafen, sie waren meine längsten alten Freunde, noch aus dem Kindergarten und der Grundschule, jedes Jahr hatten wir uns mehrmals gesehen, Weihnachten, Ostern, im Sommer, sie wussten immer, wann ich da sein würde. Bevor ich wegging, wollten sie mit mir noch einen trinken gehen, ein bisschen quatschen und lustig sein, ein paar Meter weiter gab es ein Fest.

Unten standen sie in der Einfahrt meiner Großeltern, ich oben am Fenster im zweiten Stock, alle anderen schliefen schon, und ich hatte am nächsten Tag nichts weiter zu tun, als mich in ein Flugzeug zu setzen und ans andere Ende der Welt zu fliegen. Und doch ging ich nicht mit. Ich stand da im Fensterrahmen und schüttelte den Kopf, immer wieder.

Warum? Aus falschem Gehorsam, aus Vorsicht, Faulheit? Was für ein Idiot ich war, ein Kind. Sie hatten an mich gedacht, meine alten Freunde, sie wollten noch einmal los, bevor alles anders würde, sie wussten, worum es hier ging, und ich habe sie beiseitegeschoben und es nicht mal gemerkt. Irgendwann sind sie gegangen.

Wenn ich heute daran denke, schüttele ich den Kopf über mich selbst. Ein Moment, den ich nicht ergriffen habe, aus Dummheit und Kurzsicht. Aus Furcht, vor was auch immer.

Nein, nein, denke ich jetzt. Ihr müsst doch da raus, und wir müssen euch rauslassen, sonst bleibt alles klein in unserem Leben.

Ein paar Wochen nach der Geburt machen wir die ersten Gänge mit euch durchs Viertel. Eure Mutter zieht euch auf unserem Bett die Strickjäckchen an und die Ringelmützen, ich fahre mit dem Aufzug in den Keller, hole den Doppelwagen und schlage die Decken zurück, damit wir euch hereinheben können.

Draußen ist es sonnig, aber noch nicht ganz warm, die Zeit, wenn die Sommerjacke zu dünn ist und man unter dem Wintermantel schwitzt. Wir schieben euch am alten Fußballstadion vorbei mit seinen vier kahlen Flutlichtmasten, unter dem Baustellengerüst und der U-Bahn-Brücke an der Eberswalder Straße hindurch. Dann holpert der Wagen über das krumme Pflaster hinter der Kulturbrauerei, eure Köpfe werden wild hin und her geworfen, aber ihr schlaft tief und unbeirrbar. Wir setzen uns an den letzten freien Tisch vor dem Café, bestellen Buletten und Macchiato und warten auf Christopher und Karolina. Ihr liegt eingequetscht zwischen Holztischen und Klappstühlen, unsere Freunde kommen, wir essen und trinken und reden und freuen uns, dass in der ganzen Zeit nur eine von euch aufwacht und gefüttert werden will.

Auf dem Heimweg fühle ich mich so gut wie lange nicht, ich spüre den Kaffee im Magen und die Nachmittagssonne auf der Haut, wir halten ein paarmal vor Schaufenstern, gucken uns Möbel an und Lampen, stellen sie in Gedanken in unsere neue Wohnung, die es noch gar nicht gibt.

Wir wissen nicht, wo wir in einem Jahr sein werden, wo in fünf, in zehn … Von wo in der Welt ihr uns anrufen werdet in 20 Jahren, welche Ländervorwahl wir dann wählen, um euch in euren Studentenzimmern zu erreichen. Wie lange einmal die Fahrt, der Flug in euer Leben dauert.

Ihr habt viel Glück, ihr wachst, wie selbstverständlich, mit zwei Sprachen auf, mit meinem Deutsch und dem Französisch eurer Mutter, hört dazu noch das einfache Englisch, das wir untereinander sprechen. Zwei Sprachen werdet ihr können, vielleicht drei, ganz von alleine.

Wo führt sie euch hin, eure Reise? Welche Dinge werdet ihr umarmen, welche schnell wieder fallen lassen? Vielleicht werdet ihr ja die Musik entdecken so wie eure Mutter als kleines Mädchen, ein Arbeiterkind in einer kleinen Stadt mitten in Frankreich. Die Neugier hat sie weggezogen von ihrem Elternhaus, jede Woche aufs Neue, bis ans andere Ende der Stadt in das mächtige Gebäude des Konservatoriums. Ganze Nachmittage hat sie da am Klavier verbracht, oben unterm Dach, stundenlang hat sie dort gespielt, eure Mutter, und nicht weil irgendjemand das gewollt oder bestimmt hätte, sondern weil sie selber es so liebte. Die Musik hat etwas geöffnet für sie, mit ihrem Chor ist sie das erste Mal in ihrem Leben verreist, hat in Osteuropa zusammen mit Überlebenden der deutschen Lager gesungen, und wenn sie von diesem Tag erzählt, glänzen ihre Augen heute noch.

Ja, vielleicht werdet ihr den schönen Klang zu eurem Begleiter machen, werdet auf Orchesterreise gehen oder eurer Lieblingsband hinterherfahren. Vielleicht werdet auch ihr diese Momente erleben, in denen die Musik euch rettet und wieder auf die Beine bringt. Oft denke ich an einen meiner letzten Tage in den USA zurück, am Ende meines Jahres als Gaststudent in Pennsylvania. Ich hatte mir ein Konzert des Philadelphia Orchestra angesehen, ein warmer strahlender Sonntagmorgen im Mai. Als ich Minuten nach der Aufführung hinten am Konzerthaus vorbeikam, habe ich sie gesehen. Erst einen Mann mit einem Trompetenkoffer auf dem Rücken, dann einen Cellisten, dann zwei Flötistinnen, dann noch ein paar andere. In schneller Folge sind sie aus dem Hinterausgang geschlüpft und schnell auseinandergegangen, heimwärts, zur Familie oder zu Freunden ins Café, in den Rest ihres Sonntags, hier und da ein leises Pfeifen im Mundwinkel, als hätten sie zwei Stunden am Fließband der Margarinenfabrik gestanden, statt Beethoven und Berlioz in den Saal zu zaubern und in unsere Herzen.

Wie beneidenswert, dachte ich damals, glücklich und gerührt auf meinem Weg durch die Stadt, die ich bald wieder verlassen würde. Wie schön, solch einen Beruf zu haben, wie glücklich jeder, der mit dem, was er am besten kann, mit Talent und Kunst oder wie man es nennen will, Woche für Woche die Menschen bewegen kann und sich nicht mal groß was drauf einbilden muss.

Auch ihr beide werdet Dinge entdecken, die euch berühren, die bei euch bleiben für eine Weile oder für immer. Vielleicht werdet ihr etwas davon zu eurem Leben machen wie die Musiker, die ich gesehen habe, wie eure Mutter damals als Kind oder eure Oma mit ihrer Geige. Wer weiß. Es wird nicht leicht für uns, für eure Mutter und mich, euch zum einen nicht zu bremsen, aber auch nicht zu erdrücken mit unseren eigenen Wünschen. Ihr sollt spielen, ihr beiden, das dürfen wir nicht vergessen, sollt erst einmal keine Last spüren und keine Sorge, dafür sind ja wir Großen da.

Ich denke jetzt an meine Eltern. Ich sehe ihre Gesichter in der Küche am Weihnachtstag, bevor ihr geboren wurdet. Ich sehe ihr Lächeln, die erwachsenen Kinder um sich, die schon arbeiten, studieren, eigene Familien gegründet haben, im Bauch der Schwiegertochter die nächsten beiden Enkel.

Ich sehe die Gesichter meiner Eltern, die Freude über den gemeinsamen Moment, die Erleichterung darüber, es bis hierher geschafft zu haben. Sich zusammen durchs Dickicht geschlagen zu haben, durch all die verschwitzten Nachmittage und die Fiebernächte, durch die kalten Schulmorgen und die stillen Abende, vielleicht ängstlich, aber nie entmutigt, oft todmüde, aber nie ganz leer, erschlagen, aber nie ohne Mut und jeden Tag aufs Neue darum bemüht, dem Grau des Alltags doch noch ein bisschen Farbe beizumischen. Für uns, für sich selbst, einfach damit es weitergeht, weil sie doch weitergehen muss, diese Reise mit ihren zigtausend Kurven, deren Ende niemand kennt. Und warum soll sie nicht für alle ein bisschen besser und schöner sein, als sie sein müsste.

Auch unsere Tage sind jetzt alle gleich, wir strampeln genauso wie ihr beide, eure Mutter und ich, jeder Tag gleich und doch immer anders. Da ist ein Lachen, ein Augenzwinkern, ein neues Geräusch, das ihr macht, ein kurzer Ausflug ins Licht, die gute Nachricht nach der schlechten.

Sie hatten recht, denke ich, es geht so schnell. Der Motor läuft, die Räder drehen sich, bald schon ist der Sommer da, und hinter der nächsten Kurve kommt das Meer.

Opa und der Wert der Dinge

Wir sind zu Besuch bei Oma. Sie soll euch nun auch endlich das erste Mal sehen. Oma lebt im Südwesten, in der Pfalz, in einer großen Erdgeschosswohnung voll alter Möbel, gleich unter der meiner Eltern. Oma, sage ich, wie ich es mein ganzes Leben gesagt habe, aber natürlich ist sie eure Uroma, die Mutter meines Vaters, die dritte Generation vor der euren. Ja, sie ist noch da, meine Lore-Oma, sie und Mamie Marie-Rose in Frankreich leben noch, die beiden letzten von acht Großeltern, geboren in die zerbrechliche Friedenszeit der 1920er Jahre, zwischen den zwei großen Kriegen ihrer beiden Länder.

Es ist später Vormittag, ihr habt getrunken, seid zufrieden, wir tragen euch die Treppe herunter. Ihr seid ganz still und erwartungsvoll, als wir Omas Tür aufschließen mit dem Zweitschlüssel meiner Eltern. Ich rufe nach ihr. Sie sitzt um die Ecke im Wohnzimmer, auf dem alten Sofa aus dunklem Holz, das in meiner Kindheit immer kaffeebraun bezogen war, seit ein paar Jahren nun neu und elegant in hellem Beige.

Oma hat ihre Lesebrille auf der Nase, und als sie uns im Türrahmen entdeckt, uns vier, fängt sie an zu strahlen. Sie steht auf zur Begrüßung, stemmt sich mühsam hoch an der Armlehne, macht ein, zwei unsichere Schritte, hält sich an der Lehne des Sessels fest. Den anderen Arm streckt sie aus zu euch, ihr dreht schüchtern die Köpfchen weg, als sie jeder von euch einen Kuss auf die Wange drücken will.

Eure Mutter setzt sich neben Oma auf die Couch, sie hat dich, Ella, auf dem Schoß. Ich setze mich mit dir, Frida, gegenüber auf den Sessel. Ich sehe Omas große schwarze Kopfhörer in ihrer Halterung neben dem Fernseher, die Zeitschrift mit dem aufgeschlagenen Silbenrätsel. Auf dem Couchtisch liegt die schmale Box mit den Fotos von euch, die wir ihr geschickt haben. »Die gucke ich mir jeden Tag an«, sagt Oma zu uns und auch zu euch. »Jeden Morgen und jeden Abend. Es sind so schöne Fotos, aber in Wirklichkeit, da seid ihr noch hübscher!«

Es ist warm hier, warm und gemütlich, es riecht ein bisschen nach Omas süßlichem Parfüm, wie früher, wie immer. Ich sehe dich da im Arm deiner Mutter sitzen, Ella, und daneben deine Uroma, drei Menschen, vier Generationen, so viel Vergangenheit, so viel Zukunft. So vieles noch unbekannt, so vieles längst vergessen, fast 90 Jahre zwischen eurer Geburt und ihrer.

Oma sitzt da in ihrer Blümchenbluse und der bequemen dunklen Stoffhose, halb auf der Sofakante, leicht vorgebeugt, sie dreht sich mal zu mir, mal in die andere Richtung, um euch beide abwechselnd anzugucken. Sie lacht mit euch, hält eure Händchen, streichelt euch die Wangen. Ihr schaut euch das an und sagt noch immer keinen Ton. Es ist, als könntet ihr all die Zeit sehen in ihr, als würde es euch in stummes Erstaunen versetzen, dieses seltsame Ding, das Alter.

Ich blicke hinüber zur Anrichte, wo das Foto steht von Opa als jungem Mann. Hier, in seinem alten Elternhaus, hat sie ihn kennengelernt, ihren Mutz, wie sie und alle ihn nannten, seit er sich als Kind immer in den Dreck schmiss und dann freudestrahlend *mutz* rief, *mutz*. Draußen neben der Eingangstür hängt noch die alte Plakette mit unserem Familiennamen, ein bisschen schief heute, aber doch fest im Mauerwerk, unbeeindruckt von all den neuen Anstrichen der Jahrzehnte. Ich kann nie daran vorbei, ohne sie wenigstens kurz anzuschauen.

Auf dem gerahmten Foto dort steht Opa auf einem Bergkamm, er blinzelt in die Sonne, seine Haare fliegen ihm über die Stirn, er schaut mit seinem typischen Ausdruck, verschmitzt und kritisch und ein bisschen herausfordernd. Ich kenne den Blick, manchmal guckt er mich aus dem Spiegel an.

Seit acht Jahren ist Oma nun alleine, sitzt zwischen all den Möbeln und Büchern und Uhren, die er irgendwann einmal gekauft hat, trägt den Schmuck, den er ihr geschenkt hat, läuft über die Teppiche, die sie zusammen ausgesucht haben, liest seine Briefe und schaut abends im Bett noch ein letztes Mal die alten Fotos. Und an manchen Tagen wirkt es so, als würde ihr vor allem seine Sturheit fehlen, seine Sperrigkeit. Es gibt Tage, da wird sie schnell böse, aufbrausend vor Einsamkeit, und die, die in ihrer Nähe sind, müssen sich schnell in Deckung bringen. Da ist jetzt niemand mehr, der ihr ständig die Stirn bietet in all dem endlos langen Alltag. Ihre Energie läuft nun oft ins Leere.

Dass der Mutz gestorben ist, sagt Oma oft, das war der größte Fehler von allen. Ein naiver Satz voller Verzweiflung, ganz so, als wäre Opas Tod vor acht Jahren nach einem letzten schweren Schlaganfall irgendwie eine bewusste Entscheidung gewesen. Als hätte ihr störrischer Mann ihr damit ein letztes Mal ein Schnippchen geschlagen.

Ich schaue hoch zum Goldleuchter, der von der hohen Altbaudecke hängt. Hier sind sie sich zum ersten Mal begegnet, im Sommer 1948, Oma war damals Untermieterin oben bei Opas Eltern im ersten Stock. Sie hatten ja ein Zimmer frei, all die Jahre schon, die er weg war, sein Zimmer. Der jüngste Sohn, gefangen in der fernen Sowjetunion. In Russland, wie man sagte. Oma hat also schon mit ihm gelebt, als sie sich noch gar nicht kannten, sie hat seine Handschrift gesehen auf den schlichten Rotkreuzkarten, alle paar Monate ein paar knappe Zeilen, Befinden gut, habt keine Sorge um mich.

Er war kein Mann der vielen Worte, mein Mutz-Opa, ihn umgab oft eine Sprachlosigkeit, an der man verzweifeln konnte. Anders als Oma mit ihren unzähligen kleinen Geschichten hat er kaum je etwas erzählt von den ganzen dunklen Jahren. Und vielleicht sind das dann auch schon die beiden Möglichkeiten. Entweder man wiederholt alles so oft, bis es seinen Schrecken durch Abnutzung verloren hat, oder man vergräbt es so tief in sich, wie es nur geht.

Alles, was wir über Opas Krieg und seine Jahre in Gefangenschaft erfahren haben, sind Schnipsel, angedeutete Szenen, oft war nicht mal er selber, sondern Oma die Überbringerin. Und doch sehe ich ihn jetzt vor mir. Ich sehe sein Gesicht da auf dem alten Foto und sehe Opa als jungen Mann, kaum 20 Jahre alt, fast ein Kind noch.

Ich sehe ihn antreten am frühen Morgen mit leerem Bauch. Ich sehe ihn da im Lager in der Reihe stehen in seiner geflickten grauen Uniform ohne Abzeichen, die Hose schlackert ihm um die Beine. Er steht da und blinzelt in die Morgensonne, die flach am Horizont steht und nichts wärmen kann, ich sehe meinen Opa beim Morgenappell neben all den anderen zerlumpten Gestalten, die sich die Welt unterwerfen wollten und jetzt für eine Scheibe schimmliges Brot die eigene Mutter verpfeifen würden. Ich sehe ihn antreten für einen weiteren Tag voller Stumpfsinn und Einsamkeit.

Er hatte die Schule abgebrochen und sich beworben mit all dem blinden Eifer der Jugend, er wollte fliegen über den Städten der anderen und Bomben auf sie werfen. Er hat es nicht erwarten können, endlich selber diesen Krieg zu führen, der so lange schon überall war, an allen Ecken, in allen Köpfen. Anfang 1943, mit kaum 18 Jahren, ging er nach München zur Luftwaffe, wollte Offizier werden in Hitlers großer Armee. Doch ganz am Ende schickten sie ihn, den jungen Piloten, einfach zu Fuß los an die Ostfront, an die Oder. Und statt Orden zu kriegen für heldenhafte Kämpfe hoch oben im Himmel, hat Opa drei Jahre im Osten die Sinnlosigkeit gelernt, das Überleben, das in unserer seltsamen Vorstellung immer nackt ist.

Ich sehe ihn vor mir im Februar/März 1945, sehe ihn in der Stellung hocken am Westufer des Flusses inmitten seiner Kompanie der Verzweifelten. Ich höre die anderen leise wispern in der Nacht, den Donner der Artillerie von der anderen Seite, einige sind schon weg, tot oder abgehauen, und mein Opa kauert am Rand des Grabens und raucht schweigend Kette gegen die Angst.

Als sie herüberkamen am nächsten Morgen, nahmen sie ihn mit wie alle anderen, die noch da waren, und ein Jahr lang wusste niemand zu Hause, was mit ihm war. Erst Ostern 1946 kam die erste Karte aus Lager 410/3, Baranowitschi, heutiges Weißrussland: Bin gesund und munter und hoffe dasselbe auch von euch.

Ich sitze in Omas Wohnzimmer und sehe ihn, meinen Opa, da in seiner neuen kalten Welt. Ich sehe, wie sie ihn in den Wald schicken zum Holzmachen im tiefen Schnee bei minus 20 Grad. Ich sehe ihn ganze Baumstämme auf der Schulter zum Verladeplatz schleppen, weil der Boden vor Matsch unbefahrbar ist. Ich sehe ihn im Dunkeln von der Baracke zur Latrine rennen, quer durchs Lager, 200, 300 Meter, viermal, fünfmal bis zum Morgen, die Ruhr kennt keine Nachtruhe. Ich sehe ihn morgens auf der Pritsche nach seinem Nebenmann fassen, ob er noch warm ist. Ich sehe, wie sie ihn in den Bau stecken, weil er ein paar Kartoffelschalen verscharrt hat für später.

Nie wieder hat Opa danach Essen wegwerfen können, keinen Fettrand, keine Brotkante, drei Jahre bitterer Hunger wird man nicht mehr los in einem Leben. Schon seine

Söhne haben das nicht mehr verstanden, für sie war es nichts als Tyrannei, dass er sie am Mittagstisch sitzen ließ, bis endlich aufgegessen war. Sie haben gewürgt und ihre Tränen geschluckt, sie konnten nicht lernen, was er nicht verstehen wollte, ein leerer Magen ist nicht vererbbar.

All diese Sachen gehen mir durch den Kopf, als wir vier bei Oma in der warmen Stube sitzen. Oma fragt, wie es uns geht, und wir erzählen von eurer Geburt, den ersten Wochen zusammen. Wir sprechen von unserer Hochzeit im vergangenen Jahr, Oma war auch da, ihre letzte große Reise, mit dem Zug kam sie in letzter Minute ins ferne Berlin. So ein schönes Fest, sagt sie, und wir lächeln und nicken, mir schießen die Tränen in die Augen, ich blinzele, bis es vorbeigeht. Ich sehe sie da neben eurer Mutter, meiner Frau, ich sehe euch, meine Kinder. Ich sehe uns alle an diesem Ort, mit vollen Mägen, freien Köpfen, in diesen Zeiten, diesem Land, das man doch trotz allem nichts anderes als friedlich nennen kann.

Warum also all diese Gedanken? An Opa, den Krieg und das Leid, das er und Millionen andere verursacht und erduldet haben? Ist es möglich, sich an etwas zu erinnern, das man nicht erlebt hat? Helfen die alten Geschichten, euch oder mir? Vielleicht ja doch. Es ist noch nicht so lange her, wie man glauben mag. Da sitzt sie ja, direkt neben euch, eure

Urgroßmutter. Auch sie hat noch die Rationen erlebt, den Mangel, die Zeit lange vor den übervollen Supermarktregalen. Hat die Amerikaner angebettelt um ein Stück Schokolade und ein paar Zigaretten für ihren Vater.

Heute hat das Essen bei uns lange schon seine Bedeutung verloren, überall in diesem Land ist es mehr als reichlich vorhanden, an jeder Ecke können wir uns für ein paar Euro den Bauch vollstopfen. Wir schmeißen die Lebensmittel kiloweise weg und machen uns keinen Gedanken darum. Aber was hätte mein Opa damals für eine Pellkartoffel von vorgestern gegeben?

Die Lagerärztin war es, die ihn am Ende gerettet hat, nach allem, was wir wissen. Sie hatte Mitleid mit ihm, diesem großen Jungen aus Haut und Knochen. Dank ihr wurde er zur Arbeit in der Backstube eingeteilt, durfte nachts auf der Ofenbank schlafen und das Feuer schüren, konnte sich endlich wieder satt essen, das erste Mal nach Jahren.

Und wir? Was wissen wir heute noch davon? Haben wir nicht vielleicht schon viel zu lange viel zu viel? Es geht uns gut, sehr, sehr gut. Eure Mutter und ich sind, wie unsere Eltern schon, ohne Krieg aufgewachsen, ohne Bombennächte und Angst und Vertreibung, in Ländern, die sich neu erfunden haben nach der Katastrophe, die viel besser und fried-

48

licher sind als ihre Vorgänger. Wir haben Glück gehabt, sehr viel Glück. Aber sind es deswegen sorglose Zeiten?

Was ist mit den Hunderttausenden, die zu uns gekommen sind in den Monaten vor eurer Geburt, haben viele von ihnen nicht genauso gelitten wie Opa? Sie sind auf der Suche, sie suchen das Ende der Not und des Mangels für sich und ihre Kinder. Und was ist mit unseren Nachbarn, die von 400 Euro im Monat leben sollen? Sehen wir, wie sie abends in den Containern der Märkte wühlen, schauen wir hin, wenn sie ihren Arm in die stinkenden Abfalleimer am Straßenrand strecken, um ein paar Cent Pfandgut zu ergattern? Und all das hier, bei uns, mitten in unseren Städten.

Ich kann leicht reden. Ich sitze hier, kann mir diese Gedanken leisten, wir alle hocken da inmitten eines Lebens in Frieden, lächeln uns an, tauschen harmlose Geschichten aus, hier sitzen wir, vier Kinder der Selbstverständlichkeit, umgeben von all den antiken Wanduhren und den zeitlosen Möbeln, die Opa über Jahrzehnte angeschafft hat mit dem sicheren Auge des Architekten.

Geht nicht gleichgültig durch die Welt, habt die Augen offen und die Herzen. Schaut im Leben nicht nur nach Preisschildern und dem Verfallsdatum. Vielleicht ist es das, was ich euch nur sagen will.

Ich sehe meine Oma da auf der Couch, sie spielt jetzt mit euch, sie klatscht in die Hände, wenn eine von euch eine Schnute zieht. Ihr seid offener als am Anfang, ihr macht ihr Spiel mit, zu ihrer großen Freude, ihr lächelt und gluckst, und immer wieder lacht sie laut auf, so habe ich sie seit Jahren nicht gesehen.

Ich weiß noch, wie mir Opa einmal 20 Mark geben wollte, wir hatten eine Woche Ferien oder zwei, wir wollten wegfahren mit der Familie. Es war kurz vor dem Tschüss-Sagen, er hatte den Schein schon in der Hand. Nein danke, habe ich gesagt und den Kopf geschüttelt mit dem heiligen Ernst des Zweitklässlers, ich hab schon was vom anderen Opa bekommen.

Da hat Opa die Augenbrauen hochgezogen und dieses Geräusch gemacht, wenn er mit etwas so gar nicht einverstanden war. Ein lautes Ausatmen mit aufgeblähten Backen, boffwoff, so in etwa hat es geklungen. Boffwoff, hat Opa also gemacht und den Kopf geschüttelt: Geld kann man immer brauchen, und ein bisschen mehr kann nie schaden! Dann hat er sich zu mir heruntergebeugt und mir den zweimal gefalteten Zwanziger in die Hand gedrückt, und keine Widerrede. Ich habe leise Danke gesagt und ihn mir verlegen in die Hosentasche gestopft.

50

Zwanzig Mark, damit konnte man damals eine Menge anfangen, zu Hause bekam ich zwei Mark Taschengeld die Woche, das hat nicht mal für eine Micky Maus gereicht. Das Geld ist nicht mehr das Gleiche wert heute, längst nicht mehr. Unter einer halben Million kann man kaum noch eine Familienwohnung kaufen in unserer Stadt, so einen Betrag hat man früher nur in Gangsterfilmen gehört. Das soll so sein, sagen die Wirtschaftler, das muss so sein, alles muss wachsen, auch das Geld, das nennt man Inflation, ganz natürlich. Ich habe es ehrlich gesagt nie verstanden, da fehlt mir wohl das Talent. Ich staune nur. Neulich erst habe ich gelesen, dass ein großer Firmenchef heute 300-mal mehr verdient als einer seiner Arbeiter. Vor fünfzig Jahren waren es nur 20-mal mehr. Das muss so sein? Ich weiß nicht.

Was sind die Dinge wirklich wert? Werden wir, eure Mutter und ich, euch bei der Suche nach der Antwort helfen können? Was werden wir euch geben? Was ist genug?

Kinder werden in Hungerzonen geboren und in Flüchtlingslager, in zerrissene Familien und fiebrige Drogenwelten. Solchen Kindern muss man nicht erklären, was es heißt, etwas nicht zu haben, so wie keiner mehr meinem Opa zeigen musste, was Hungern ist.

Aber es gibt kein Leben ohne Not, kein Glück ohne Traurigkeit, da spielt es keine Rolle, wo ihr seid auf dieser Welt. Auch euch wird einmal etwas weggenommen werden, auch ihr werdet etwas verlieren, das euch lieb ist und teuer, wie man sagt. Auch ihr müsst früher oder später erfahren, was das heißt, Abschiednehmen, *dire adieu et pas au revoir*, müsst wie alle anderen lernen, zu verlieren und zu finden, und sei es nur euch selbst. Das eine geht nicht ohne das andere.

Ich muss sieben gewesen sein oder acht, nie werde ich den Tag vergessen. Ich hatte Fußball gespielt, wie immer im Sommer, den ganzen Nachmittag über, mein Fahrrad hinter dem Tor im Gebüsch, und als das Spiel zu Ende war, war das Fahrrad weg. Überall haben wir gesucht, auf dem ganzen Spielplatz, unter allen Bäumen und Büschen. Nichts.

Später beim Abendbrot habe ich Papa alles erzählt, ich war verzweifelt und niedergeschlagen, bekam kaum etwas herunter, und irgendwann ist mein Vater wortlos aufgestanden und aus der Tür gegangen. Ich dachte, er ist böse auf mich. Aber kaum eine Stunde später war er wieder da, komm mal, hat er gesagt, und da hat mein Fahrrad gestanden, draußen im Treppenhaus, als wäre es nie weg gewesen.

Unten am Waldrand hatte er es gefunden, einer der Jungs vom Krämersweg hatte es sich geschnappt, er wollte sich gerade meine Trainingsjacke anziehen, die noch auf dem Gepäckträger geklemmt hatte. Es war ein altes rostiges Ding mit klapperndem Schutzblech, mein allererstes Fahrrad, und nie bin ich stolzer zum Fußballplatz gefahren als an dem Tag nach dem Abend, als Papa es mir zurückgebracht hatte.

Werde ich so etwas eines Tages für euch machen? Oder gebe ich dem Moment nach, wenn es drauf ankommt, meiner Bequemlichkeit, der billigen Furcht? Werde ich euch einfach ein neues kaufen?

Ich denke an den Katzenstuhl, den Opa mir geschenkt hat, damals, zu meinem ersten Geburtstag. Er hatte ihn selbst gemacht, ganz alleine, die Ohren, die Füße mit den halbrunden Tatzen, hatte all die Holzplatten zusammengeleimt und wunderbar bemalt. Ein Kätzchen mit einer Geburtstagstorte auf dem Schoß, eine brennende Kerze obendrauf, mein allererster Stuhl. Nie ist er kaputtgegangen in all den Jahren, ist durch alle Kinderzimmer unserer Familie gewandert bis zu dem meiner Neffen, das Geschenk von Opa, dem Künstler. Zeichnen konnte er, malen und basteln und große Ritterburgen bauen mit Zugbrücke und allem, aber er hat nie mehr reden wollen über das, was er gesehen hatte.

Ich sehe ihn noch am offenen Kamin sitzen, die Beine auf dem Hocker, ein Glas Moselaner in der Hand, um sich herum seine Bücher, bis hoch zur Decke, und links neben seinem Sessel das Sideboard mit der Schiebetür, darin die ganzen Fotoalben, seine Söhne, Enkel, Schwiegertöchter, seine Familie. Sein Ein und Alles, wie Oma immer sagt.

Auf seinem Sessel hat er die meiste Zeit verbracht, alleine mit all den Erinnerungen, all den Gedanken und Gefühlen, er hat nicht darüber gesprochen, wollte nicht, konnte nicht, wusste nicht, wie. Vielleicht hat er sich unverstanden gefühlt, mein Opa, und wer von uns hätte ihn auch verstehen sollen und das, was er durchhatte?

Und ich? Werde ich reden können über das, was mich bewegt, was tief in meinem Inneren ist, mit eurer Mutter, mit euch? Ein Teil von Opa, von seinem Wesen, steckt ja noch in mir. Werde ich stumm bleiben wie er, oder kann ich euch Antworten geben auf eure Fragen? Werde ich Worte finden, selbst da, wo eigentlich keine sind? Ich hoffe es, und, wer weiß, vielleicht kann das hier ein Anfang sein.

Noch sitzt ihr auf unserem Schoß, wir halten euch mit beiden Händen, damit ihr nicht umkippt. Bald schon werden die ersten Situationen kommen, denen ich nicht mehr ausweichen kann. Was werde ich tun? Wenn es auf der Straße

Streit gibt, eine Schlägerei, will ich am liebsten gar nicht hinsehen. Es geht mich nichts an, denke ich, sollen sie machen, ohne mich. Wenn ihr es seid, denen Unrecht geschieht, geht das nicht mehr. Was dann?

Es ist Mittagszeit in Omas Wohnzimmer. Du bist auf meinem Arm eingeschlafen, Frida, dein Kopf ist zur Seite gekippt. Ich halte dich unter den Achseln und spüre deinen Atem auf meinem Unterarm. Ich höre dein leises Schnarchen und sehe deine Schwester da drüben, ich sehe dich, Ella, gleich neben meiner Oma. Sie hat dich vor sich auf dem Sofa liegen, sie spielt mit dir, sie hält sich ein Spucktuch vors Gesicht und zieht es wieder weg, sie schneidet Grimassen und ist ganz begeistert, wenn sie eine Reaktion bekommt. »Guck, wie sie lacht«, ruft sie, ohne den Blick von dir abzuwenden, »huhu, kuckuck, Schätzel!«

Und du lachst, kleine Ella, du liebst diese tolle Aufführung, du hast deine Scheu überwunden, hast dich an den Raum gewöhnt und an all das, was in ihm steckt, all die Geschichten, all das Früher, das einen überwältigen kann. Aber ihr wisst ja noch gar nichts davon. Du lachst und lachst, Ella, und sie will dich gar nicht mehr loslassen, deine Oma-Oma, als hätte sie all die Jahre auf jemanden wie euch gewartet. Wie sehr ihr sie geöffnet habt in so kurzer Zeit. Im Alltag ist sie sonst oft so anders, verfällt in Alte-Leute-Stimmung, klagt über das Leben und die Stille, fühlt sich missverstanden und allein. Er fehlt ihr.

Doch jetzt sehe ich, dass da immer noch eine andere Seite in ihr ist. Wie früher, so kommt Oma mir nun vor, wie damals, als sie nicht müde wurde, uns Enkeln ihre Geschichten zu erzählen, die Geschichten vom Krieg. Wie damals wirkt sie auf mich, als sie noch jeden Dienstagnachmittag mit mir zum Sportplatz gefahren ist und zum Einkaufen in die Stadt.

Ich sehe sie mit dir spielen, Ella, mit der Begeisterung eines kleinen Kinds auch sie nun, meine Oma, und mit diesem Gedanken fällt es mir auf. Zum ersten Mal sehe ich die Ähnlichkeit, jetzt, wo ihr euch so nah seid. Es sind ja ihre Augen, die du hast. Omas Augen sind auch deine, Ella, die Form, der ganze Ausdruck, der hohe Schwung der Brauen. Das ist es also, sie erkennt sich selbst in deinem Blick, sie schaut in ihre Kindheit, sieht die leichten Tage, den Frühling einer lange verstrichenen Zeit.

Ich sehe noch einmal rüber zu dem Foto auf der Anrichte. Ja, er fehlt, denke ich, nicht nur ihr, aber es ist nicht zu ändern. Er hat Glück gehabt, mein Opa, das dürfen wir nicht vergessen, er hat noch einmal 60 Jahre geschenkt bekommen, eine zweite Chance, die viele nie hatten, das ist mein

Glück und eures, das Glück unseres Lebens, ohne ihn wären wir alle nicht hier. Ja, Opa hat sie wiedergesehen, die alte Messingplakette da neben der Haustür mit meinem und eurem Namen, er hat neu angefangen, mühsam die Lücke in seinem Lebenslauf geschlossen, das Abitur nachgeholt, studiert und eine Familie gegründet. Er hat seine drei Söhne groß werden sehen und dann deren Kinder. Das ist nicht wenig, denke ich, aber jede Geschichte geht zu Ende, und dass sein erster Urenkel unterwegs war zu uns, das haben wir erst am Tag von Opas Beerdigung erfahren.

Er hat es nicht leicht gehabt, mein Opa, und es sich nicht leicht gemacht oder denen, die in seinem Leben waren. Aber hinter seinem Stirnrunzeln und dem stummen Kopfschütteln war auch immer eine Herzlichkeit verborgen, ein Augenzwinkern, ein tiefer Sinn für das Schöne. Für den Wert der Dinge.

Es war Pfingsten, als er wiedergekommen ist, Pfingsten 1948, einer der ersten heißen Tage des Jahres. Braun gebrannt und kahl rasiert saß er hinten im Garten, ganz alleine auf der alten Bank, den Rucksack neben den selbst geschnitzten Holzpantinen. Mutz, rief seine Schwester, der Mutz ist da, und der Hund ist an ihm hochgesprungen, sein Hund, er hatte ihn nicht vergessen, all die Jahre nicht.

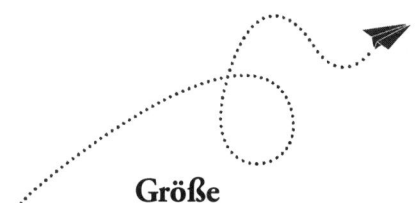

Größe

Der Tag, an dem Ali stirbt, ist ein schöner Tag. Das erste Wochenende im Juni, und die Sonne scheint schon morgens um neun heiß auf meinen Berliner Schreibtisch. Ich starre die Schlagzeile auf meinem Laptopbildschirm an, und es ist gleich anders als bei all den anderen berühmten Toten in den Wochen und Monaten davor. Nicht wie bei Prince, Bowie, Umberto Eco oder Cruyff; dass sie nicht mehr da sind, hat mich ziemlich kaltgelassen.

Jetzt aber Ali. Muhammad Ali! Der große Held meiner Jugendjahre. Wie kann ich euch nur erklären, was er mir bedeutet?

Eine Weile sitze ich da und schaue durchs Fenster nach draußen zu den Bauarbeitern, die da drüben auf dem Gerüst mit einem Flaschenzug Dämmwolle hochziehen. Ich sehe sie das Zeug an die Hauswand kleben, sehe die quadratischen Gucklöcher, die Fenster sein sollen. Alles kommt mir klein vor, so winzig, vielleicht ist es nur der Augenblick.

Ali ist tot, denke ich. Jetzt ist das 20. Jahrhundert wirklich zu Ende. Dieser Spirit, der Aufbruch, das *Anything goes*, vorbei.

Ich gehe hinüber zu euch ins Schlafzimmer. Eure Mutter macht euch gerade für den Tag fertig. Du, Frida, liegst vor ihr auf dem Wickeltisch, ich höre deine Mutter französisch mit dir sprechen, sie beschreibt dir die Sachen, die sie dir anzieht, erzählt dir vom Wetter und dem, was wir heute vorhaben. Ich sehe deine funkelnden Mandelaugen, die hochsehen zu ihr und zu mir, und ich frage mich, wo ich anfangen soll, wann und wie. Ich muss euch doch von ihm erzählen, von Ali, irgendwann, da sind ja so viele gute Geschichten, so viele Szenen, die man nicht vergisst.

Vielleicht erzähle ich euch von dem Video, mit dem es losging, eine von den alten klobigen Kassetten, mein Vater hatte sie von der Tankstelle mitgebracht, eine neue Serie auf VHS, Box-Champions, Folge 1: Muhammad Ali. Wer sonst. Zwei Kämpfe nur hatten sie auf das Band gespielt, eine billige Produktion, der deutsche Kommentar war im Nachhinein eingesprochen, im Hintergrund lief der amerikanische Originalton, aber nicht mal das konnte irgendwas trüben.

Zwei Kämpfe, zwei Welten, ich konnte es gar nicht glauben, das sollte der gleiche Boxer sein, der gleiche Mann? Er hatte nicht mal den gleichen Namen, hieß erst Cassius Clay, dann

Muhammad Ali, boxte zuerst in Monochrom gegen einen Sonny Liston, dann plötzlich in bunter Farbe gegen George Foreman, erst in einer engen Halle in Florida, dann, zehn Jahre später, vor hunderttausend Schwarzen im Stadion von Zaire in Afrika.

Ali boma ye, haben die Leute im Stadion gerufen, Ali, bring ihn um!

Ich kannte das Boxen ein bisschen, so dachte ich, ich hatte die Kämpfe von Axel Schulz gesehen und von Henry Maske, von Rocky und Michalczewski, aber ich habe gleich gemerkt, hier ging es um viel mehr, das war etwas ganz anderes, eine andere Welt.

Da stand jemand mit einem anderen im Boxring und hat getanzt, versteht ihr, es sah so leicht aus, er schien zu schweben, dieser Ali. Gegen Liston hat er blind gekämpft eine ganze Runde lang, und der dicke hässliche Bär, wie er ihn nannte, ist trotzdem nicht an ihn herangekommen. Kein Kratzer, keine Beule, nichts, eine Sensation auch 30 Jahre später. Ich habe vor dem Fernseher gesessen, mein Vater neben mir, so begeistert wie ich, hast du das gesehen?, wie er ihm ausgewichen ist, wie schnell er ist, schau, wie er tanzt!

Es war einer dieser seltenen Momente, wie sie nur alle paar Jahre vorkommen, bei einem großen Fußballspiel, dem Handballfinale oder am Wahlabend um kurz nach sechs. Wir saßen da, Vater und Sohn, und waren beide wie gefesselt, gemeinsam elektrisiert von dem, was da vor sich ging. Dabei wussten wir ja schon, wie es ausgehen würde, mein Vater sowieso, er war ja damals noch aufgestanden, mit seinen Brüdern und Oma und Opa, vier Uhr morgens, die Familie versammelt, Ali kämpft. Es muss für Papa ein ähnliches Gefühl gewesen sein wie jetzt für mich, der Sohn, der plötzlich etwas erleben darf, etwas, das wirkliche Bedeutung hat, nach all den Jahren des Wartens und des Du-bist-noch-zu-klein. Dabei sein, für voll genommen werden, darum geht es doch.

Und jetzt stehe ich da in unserem Schlafzimmer, ein Vater ohne Held, und weiß nicht, wohin mit mir. Ich stehe auf halbem Weg zwischen dem Wickeltisch mit dir, Frida, und dem Beistellbettchen mit den weißen Gitterstäben, in dem du liegst, Ella, noch in deinem Nachtstrampler. Du liegst da auf deinem platten Schlafsack, und als du mich siehst, verziehst du den Mund zu deinem breiten Lächeln, das ich doch immer erwidern muss, egal, wie schlecht ich mich fühle.

Ali ist tot, aber das zählt nichts in eurer Welt. Es ist ein Gedanke, der beruhigt, ein bisschen. Ihr seid da, ein neuer Tag, ihr freut euch darauf. Ihr schaut mich beide an mit euren dunklen Augen, die doch noch gar nichts gesehen haben, kaum mehr als eure Mutter, mich, unsere winzige Wohnung und den Himmel über dem Kinderwagen. Ihr schaut mich an, als wäre ich die Lösung all eurer Probleme, und für den Moment stimmt das ja sogar.

Aber werdet ihr mich auch später noch verstehen, eines Tages, in ein paar Jahren, wenn ihr groß seid? *Alt genug*, wie man so sagt. Nur wann soll das sein? Und was, wenn ihr nur den Kopf schüttelt, sobald ich anfange mit den Geschichten von vorgestern, wenn ihr mich belächelt mit meinem Videorekorder und der alten Kassette? Was, wenn ihr abwinkt und eure Gesichter sagen: Wovon redet er da?

Ich merke, dass Ali immer noch mein Hoffnungsträger ist. Bei Ali spielen doch Generationen keine Rolle, denke ich, wie anders hätte ich mich so für ihn begeistern können, ich, das Kind der Achtziger, das zwei Jahre nach seinem allerletzten Comeback-Kampf geboren wurde. Über Ali haben wir immer zusammengefunden, mein Vater und ich. Wenn wir über ihn gesprochen haben, über seine Frechheit, seine Eleganz, seinen Wagemut, dann haben wir eigentlich über uns selber gesprochen, über unsere Träume und Wünsche, über

64

unser Idealbild, dem wir nie genügen konnten. Wir wussten, wir waren nicht wie er, würden es nie sein, aber das war nicht schlimm, wir waren ja nicht allein damit. Wir hatten uns beide, und wir hatten Ali.

Schon diese Energie! Ich sehe ihn noch vor mir, da in diesem Schwarz-Weiß-Ring auf unserem Fernseher, der Kampf ist vorbei, er ist Weltmeister, 22 Jahre, und Ali läuft hin und her, brüllt in alle Richtungen, kann kaum von seinen Trainern und den Ringseilen gebremst werden. »Ich habe die WELT erschüttert!«, ruft er, schreit er. »Ich MUSS der Größte sein!« Diese Frechheit, der unbändige Mut. Welchen Teenager soll das nicht beeindrucken.

Ich habe dann alles von ihm gelesen, was ich mir bestellen konnte, in diesem neuen Ding namens Internet, habe die Bücher verschlungen aus Deutschland und Amerika, Reemtsma, Remnick, Norman Mailer. *The Fight*, Literatur, die vom Boxen handelt, von Ali. Ich habe mir Videos bestellt und die besten Szenen seiner Kämpfe auf meine Festplatte überspielt, habe eine Website programmiert an endlosen Nachmittagen, habe seine besten Zitate gesammelt, mir vorgesagt, ihn nachgeahmt, diese Schlagfertigkeit, der Witz … Immer wieder saß ich da und habe es einfach nicht glauben können. Was er da macht. Was er da sagt. Diese Botschaften.

Alis Sätze, seine Message: Ich muss nicht der sein, den ihr aus mir machen wollt. Ich bin frei, der zu sein, der ich sein will. Ich kann alles schaffen. Alles, alles, wenn ich nur will. Und wie ich will.

Papa, guck mal. Wahnsinn! Wusstest du schon? Ja, wir haben uns gefunden über Ali, immer wieder, mein Vater und ich. Haben uns seine besten Sprüche an den Kopf geworfen und zum Spaß im Schattenboxen duelliert. Oft nahm mein Vater mich damals im Auto mit zur Schule, wir hatten den gleichen Weg, wir hörten uns dann Kassetten an, die ich mit Musik bespielt hatte und mit meinen Lieblingspassagen von Alis Interviews, mit all seinen Gedichten und den Jahrmarktsschreiereien, mit all dem wunderbaren Ali-Rap also, den ich zusammengeschnitten hatte aus alten Dokumentarfilmen. Eine der Kassetten fand ich Jahre später noch im Kassettenfach, als ich mir Papas Auto lieh.

Vielleicht berührt Alis Tod mich ja auch deswegen so sehr, weil es genau jetzt passiert, in dem Jahr, in dem ich selbst Vater geworden bin. Es scheint alles noch einmal zu verstärken. Ihr zieht mich ins Morgen, und doch rückt auch das Früher wieder näher an mich heran. Einmal wird man Vater, immer bleibt man Sohn. Und wir tun so viel, bewusst und unbewusst, um gesehen zu werden. Papa, guck mal, hier, das bin ich.

Aus heutiger Sicht scheint es mir fast unglaublich, wie sehr ich mich damals in das Leben eines Menschen vertiefen konnte, der längst ein alter Mann war. So viele Nachmittage in meinem kleinen stickigen Zimmer unterm Dach in Berlin-Spandau, erst kurz vorher war ich mit Eltern und Geschwistern in die Stadt gezogen, ein 14-Jähriger ohne echte Heimat. Und es hatte ja auch etwas Lächerliches, ich hätte draußen sein müssen, im Schwimmbad, an der Eisdiele, bei den Mädchen, keine Ahnung. Stattdessen habe ich mir einen Boxsack in unseren Keller gehängt und das Tanzen geübt. Ich war ein dünner weißer Junge in der Berliner Vorstadt und habe mir vorgestellt, wie ich alles riskiere. Wie ich durch die Ringseile steige und Big George Foreman umhaue. Wie ich stark sein werde in einem Moment in der fernen Zukunft und NEIN sagen werde zu denen, die an mir zerren, wie ich sie lächelnd ins Leere laufen lasse, die mich mit ihrer Umarmung erdrücken wollen. Genauso wie Ali es damals gemacht hat mit der US-Armee, mit dem alten mächtigen Uncle Sam, der ihn nach Vietnam schicken wollte in einen Krieg, der noch sinnloser war als die meisten Kriege.

»Keiner von denen da drüben hat mich je Nigger genannt«, hat Ali zu den Typen von der Musterungsbehörde gesagt. Er wollte sich lieber ins Gefängnis schmeißen lassen, wollte lieber nie wieder boxen, lieber alles verlieren, seine Freiheit, sein Leben, als der Verlockung der Feigheit nachzugeben und Soldat zu werden für ein Land, das einen wie ihn nicht respektierte. Das sind Mandela-Kategorien, Ghandi. Menschen sind groß, die das schaffen, die so handeln können, aufrecht, furchtlos, in den Momenten, wenn alle auf sie schauen, wenn alles auf dem Spiel steht, und ich meine keinen Glitzergürtel oder Goldpokal.

Und ich? Was hatte ich kleiner Teenager wirklich von Ali gelernt? War ich nicht immer noch meilenweit weg von ihm, von seiner Philosophie, war ich nicht der Gegensatz zu ihm, ein kleines Licht, ein Feigling, der allen Auseinandersetzungen aus dem Weg ging, draußen wie zu Hause? Der am liebsten seine Ruhe hatte, egal wie. Auch das muss man mühsam lernen über die Jahre: nicht immer alles erzwingen zu wollen. Geduld mit sich zu haben.

Und jetzt stehe ich da bei euch im Schlafzimmer herum wie ein Zeitreisender, ein Schauspieler, der in eine falsche Szene gestolpert ist. Ali ist tot, mein Kopf läuft über von Gedanken, aber der richtige Text ist nicht dabei. Die richtige Rolle, ich finde sie nicht. Du bist schon fertig, Frida, frisch angezogen und gewickelt, du liegst strampelnd auf unserer großen Matratze, eingebaut in einer Burg mit Kissen und Stillgurken und aufgerollten Decken, damit du nicht herunterrollen kannst. Eure Mutter hat jetzt dich, Ella, vor sich auf der Matte, sie hat dir den Body aufgeknöpft und zieht eine neue Windel aus dem Fach.

Sie weiß es noch gar nicht, denke ich, eure Mutter, aber ich will es ihr auch noch nicht sagen. Ein dummer Gedanke, sinnlos, egoistisch vielleicht, aber ich will warten, bis ihr beide fertig seid. Erst dann, irgendwann später, sage ich es ihr, das mit Ali. Auch sie wird traurig sein. Wir haben uns *When We Were Kings* zusammen angeschaut, vor ein paar Jahren schon, und am Tag darauf bin ich mittags nach Hause gekommen, und eure Mutter hatte alle seine Interviews bei YouTube geschaut, all seine smarten, witzigen, wunderbaren Auftritte, sie hat dagesessen, noch im Nachtzeug. »Ich bin verliebt in ihn«, hat eure Mutter gesagt, als sie mich gesehen hat, und wir mussten beide lachen.

Verdammter, heiliger Ali.

Ich schlurfe durch die Wohnung, mal hierhin, mal dorthin, in die Küche, ins Arbeitszimmer, setze mich nirgendwohin und denke an Ali und den Tag, der uns bevorsteht. Morgen wollen wir losfahren, zu den Eltern eurer Mutter im Herzen von Frankreich. Ein Sommer im Süden, eure erste echte weite Reise, es ist noch so viel zu tun, die letzten Taschen packen, das Auto tanken, die Wohnung fertig machen für die Zwischenmieter, staubsaugen, durchputzen, an alle wichtigen Dokumente denken, noch ein letztes Mal zur Post. Hundert Wege, tausend Handgriffe, ich will gar nicht daran denken. Ich fühle mich leer, schwach.

Dagegen er. The Greatest. Er hat alles so leicht aussehen lassen, Ali, aber ich weiß auch, dass das ein Trugschluss ist. Dass es eigentlich ganz anders war. Wenn er schwer getroffen war in einem Kampf, wenn ihn ein Gegner mal richtig erwischt hatte mit einem linken Haken oder einer steifen Rechten, dann hat Ali den Clown gespielt. Dann hat er extraweiche Knie vorgespielt, hat übertrieben gezittert, die Arme lang baumeln lassen, ein paar entscheidende Sekunden, bis zum Ende der Runde, bis es irgendwie wieder ging. Es hat fast immer geklappt, der Gegner hat gezögert, hat Ali verschont, hatte Angst vor etwas, das gar nicht da war, vor einem Mythos.

Alles leicht? Da war doch so viel Schufterei hinter all den Mätzchen. Ich war ja dort, in Alis altem Trainingscamp, ein paar Blockhütten in den Hügeln von Pennsylvania. Ich bin hingefahren mit einem amerikanischen Freund, vor zehn Jahren, am Ende meines zweiten Semesters in Philadelphia. Da oben, in einem verschlafenen Ort namens Deer Lake, hat Ali sich auf seine späten Kämpfe vorbereitet, auch auf den gegen George Foreman, den allergrößten von allen, den zweiten Kampf auf unserer Videokassette. Sieben Runden lang hat sich Ali verprügeln lassen von dem größeren schwereren, stärkeren Foreman, und in der achten hat Ali ihn dann k.o. gehauen, einfach so.

Diese Schläge, die Ali da abbekommen hatte, auf die Arme, den Hinterkopf, in die Rippen, die Nieren. Es hat so lange gedauert, bis Foreman endlich müde war, viel zu lange.

Auf diesen Kampf hatte Ali sich länger vorbereitet als auf jeden anderen. Er hatte den Schmerz trainiert, das Leiden, um fünf ging es jeden Morgen raus zum Laufen. Es gibt ein Foto davon, Ali im Morgennebel auf der Landstraße, die Kapuze tief im Gesicht, seine schweren Arbeiterstiefel an den Füßen. Dauerlauf ist der pure Stumpfsinn, das Langweiligste, was es gibt im Leben des Boxers. Meter um Meter bei Wind und Wetter, das gleiche Grau in Grau wie gestern und morgen und nächste Woche. Man scheint gar nicht voranzukommen.

Und trotzdem, da ist Bewegung in diesem Bild, Ali dreht sich beim Laufen um, zum Fotografen, zu uns, da sind seine Augen, dieser Blick. *Come on*, sagt der Blick.

Style, sagt Charles Bukowski, der große amerikanische Schreiber und Kämpfer, Style ist die Antwort auf alles im Leben. Und alles, so Bukowski, kann man mit Style tun: mit einem Stier kämpfen; Boxen; eine Dose Sardinen öffnen. Etwas Gefährliches aber mit Style zu tun, das sei es, was er Kunst nenne.

Und vielleicht ist ja das, was der alte Trinker und Dichter, der große Boxchampion der Alleyways da in einem seiner schönsten Gedichte schreibt, so etwas wie eine Antwort auf Ali, eine Erklärung für seine Faszination.

Ali, das ist unendlicher Style.

Ja, ich glaube, er hatte es verstanden, Ali, er hatte sie lange vor uns anderen kapiert, diese immer gleiche, immer aufs neue sinnlose Übung, und deshalb war er ein Künstler, ein großer Künstler des Lebens. Es ist ihm nicht leichtgefallen, nichts, was Bedeutung hat, fällt irgendwem jemals leicht, aber er hat es für uns alle so aussehen lassen, selbst morgens um halb sechs im Nebel. Dieser Blick, Alis Augen. *Come on.*

Ich denke daran, wie wir damals auf dem Trainingsgelände herumgegangen sind, das ganz verlassen war, kein Zaun, keiner, der sich kümmerte. Als wäre das alles einfach über die Jahre vergessen worden, all der Schweiß, der Schmerz. Nur die großen Steine lagen noch auf dem Grundstück herum, tonnenschwere Findlinge, mit denen selbst der alte Sisyphos seine liebe Mühe gehabt hätte, der arme Sünder aus der griechischen Sagenwelt, der auf ewig dazu verdammt ist, einen Fels den Hügel hinaufzuwuchten, nur damit er auf der anderen Seite gleich wieder herunterrollt.

Ali selbst war es, der die Steine dort auf das Gelände transportieren ließ, er selber hat sie mit den Namen der größten Schwergewichtsboxer bepinselt: Joe Louis, Joe Frazier, Rocky Marciano. Und nicht die alten Blockhütten bestimmen die Atmosphäre da oben oder die hohen Bäume oder der weite Blick über die Hügel von Pennsylvania. Es sind Alis Steine.

Er hat mir die Leichtigkeit gezeigt, der gute alte Ali, den Mut zum Weitermachen, damals, mit 15, 16, als alles irgendwie egal schien, nicht die Mühe wert, weil man doch am Ende eh nur auf die Schnauze bekam. Aber das mit Sisyphos, dem berühmtesten Steinewälzer von allen, das hatte ich trotzdem nie kapiert. Warum wir ihn uns als glücklichen Menschen vorstellen sollen, wie Albert Camus in seinem vielleicht meistzitierten Satz schreibt. Sisyphos ein Glückspilz? Es wollte mir nicht aufgehen, nicht beim stundenlangen Studieren von Alis Kämpfen, nicht damals da oben in seinem Camp, als ich zwischen den Boxersteinen herumgegangen bin.

Erst jetzt glaube ich zu verstehen, was Camus da meint. Und es war nicht Ali, der mir diesen Satz nahegebracht hat, oder sonst ein berühmter Mensch. Ihr wart es, ihr beide, meine Töchter.

Ein Augenblick des Anfangs. Ihr wart erst ein paar Wochen alt, die Zeit, als sich alles noch in irrsinnig schneller Folge wiederholt hat. Alle zwei Stunden Wickeln, Trinken, Wasser kochen. Ihr habt gestrampelt und geweint, wolltet nur überleben und wusstest noch nicht genau, wie. Ich erinnere mich genau an diesen Moment, es war Nacht, und ich lag mit euch beiden im Schlafzimmer. Eine von euch schlief neben mir, die andere unter der Strickjacke auf meiner Brust. Ein Moment des Luftholens, auf der Fensterbank der Flaschenwärmer auf Stand-by.

Ich lag da, halb aufgerichtet, zwei Kissen im Nacken, und habe die gelben Lichter da draußen gesehen und die paar Fenster, die noch hell waren auf der anderen Seite des Parks. Ich war müde, leer, ein Tag ohne eine Minute Arbeit, ohne Produktivität, ohne Schreiben, ohne einen Cent verdient oder irgendetwas für mich gemacht zu haben. Nichts hatte ich, hatten wir beide an diesem Tag geschafft, eure Mutter und ich, nichts, gar nichts, außer euch am Leben zu halten. Das war alles, und ich wusste, es würde noch eine ganze Weile so weitergehen, und trotzdem habe ich keine Verzweiflung gespürt, kein bisschen Bitterkeit. Im Gegenteil, ich habe mich gut gefühlt, so gut wie selten.

Das war der Moment, als ich es verstanden habe. Ich war Sisyphos. Ich hätte nicht glücklicher sein können.

Wisst ihr, dass ich ihn einmal getroffen habe, Ali, den Größten selbst? Ja, es stimmt. Er ist nach Deutschland gekommen, in eine kleine Stadt im Osten, die Premiere seines Kinofilms, Muhammad Ali in Riesa, kaum zu glauben, und auch ich war da, ein 19 Jahre alter Junge mit einem Presseausweis um den Hals.

Ewig hat es gedauert, bis er endlich vor der Halle vorfuhr, eine dunkle Limousine, und dann noch mal viel zu lange, bis er aus dem Wagen war, bis er vor uns stand, ein kranker Mann, ein Mensch in Zeitlupe, mit einem Bündel Ein-Dollar-Noten in der Hand, die er eine nach der anderen an die Wartenden verteilte.

Später dann stand er drinnen auf der großen Bühne, alle Lichter auf ihm, sein Arm hat gezittert, seine Sprache kaum mehr als ein Murmeln, neben ihm ein ergrauter Gegner von früher und der junge Moderator vom Lokalsender. Er wollte lustig sein, er hat Ali in die Seite geknufft und gesagt, hey, Champ, wie wär's mit einem Rematch?

Ich habe mich abgewendet, instinktiv, ich fand es schrecklich peinlich, diese Frage, konnte er nicht sehen, was alle sahen, was sollte das? Und dann die langen Sekunden der Stille, bis die Übersetzung in Alis Ohr getröpfelt war. Es war leise in der Halle, ganz still, und Ali hat die Leute angeschaut von da oben. Und dann hat er die Augen aufgerissen, er hat sich zu seinem alten Gegner gedreht, und ein Ruck ist durch seinen Körper gefahren, von unten nach oben, von den Zehen bis zum Hals, so schien es. Da war jetzt kein Zittern mehr, kein gebeugter Rücken, der linke Fuß kam nach vorne geschossen, die Hände waren nun Fäuste, knapp unter dem Kinn. Und dann schon die erste Gerade und niemand hatte sie kommen sehen.

Und dann hat Ali getanzt, da oben im Licht, Ali hat getanzt, wie früher im Ring, wie auf dem flackernden Bild meiner Videokassette, ich schwöre euch, es ist wahr, und keiner wird es vergessen, der da war an diesem Tag. Ali hat getanzt, und die Menschen haben geklatscht und geweint, und niemand hat mehr auf seinem Stuhl gesessen, kein Einziger.

Das ist Ali. Das ist Style.

Auch ihr werdet einmal solche Momente erleben, ich bin sicher. Augenblicke, in denen alles leicht wird und gut und ihr euch noch Stunden später fühlt, als könntet ihr schweben, bis hinauf in den Himmel schweben wie ein Schmetterling. Aber auf jeden dieser Augenblicke kommen hundert Stunden, tausend, mehr, an denen gar nichts Besonderes passiert, nichts außer Windeln und Fläschchen und zerkochten Nudeln zum Abendessen, ein Streit mit der Freundin und die nächste Stromrechnung, nichts, nichts, gar nichts weiter, nur das Leben.

Aber was heißt hier eigentlich *nur?*

Es ist ja nicht schlimm, schon weil wir nichts anderes kennen. Es ist ganz leicht. Sucht euch eine Richtung, und dann lauft los. Lauft die Landstraße entlang, hinein in den Nebel. Lauft, habt keine Angst, dreht euch nicht zu oft um, wir sind ja da, wir halten noch ein bisschen mit euch mit, eure Mutter und ich, wir haben euch im Blick, den Schweiß auf der Stirn, ein Lächeln im Gesicht.

Lauft und lauft, ihr beiden, lauft zusammen mit erhobenem Kopf, bis hinten über den Hügel und dann noch ein Stück.

Wälzt ihn, euren Stein, aber, wenn ihr könnt, dann wälzt ihn mit Style.

Die Angst

Ich höre euch in der Küche, das Schaukeln eurer Stühlchen auf dem Parkett und das Klappern, wenn ihr eure Beine aufs Fußteil fallen lasst vor Freude und Übermut. Ich höre eure Mutter die Frühstücksteller auf den Tisch stellen und die Stimmen von Pauline und Romain, unseren Gastgebern hier in Lyon, seit gestern sind wir hier. Französische Halbsätze fliegen zwischen Bad und Küche hin und her.

Ich liege nebenan auf der Gästecouch, neben euren leeren Reisebetten, ich bin wach, aber ich will noch nicht aufstehen. Da ist dieses Gefühl seit dem Aufwachen, es drückt mir auf die Brust, da ist ein Gedanke, der um mich kreist, ich kann ihn nicht loswerden.

Sie fangen jetzt an zu singen, eure Mutter und ihre Freunde, ich kenne die Worte, die Melodie, die ganze Welt kennt sie, die Hymne der Franzosen, die Marseillaise. Es ist der 14. Juli, Frankreich feiert sich selbst. Sie singen es absichtlich ein bisschen schief, das alte Kampflied der Bürger, ein bisschen allzu pathetisch, um den Pomp zu brechen. Und doch ist da auch Aufrichtigkeit in ihren Stimmen, drei alte

Freunde, die glücklich sind, dass sie sich wiedersehen nach langer Zeit. Ein französischer Moment.

Ich liege alleine im Nebenraum und rühre mich nicht. Ich starre unter den Rollläden nach draußen in den großen Innenhof mit den vielen Fenstern und den Propellerkästen der Klimaanlagen und den bunten Wäschestücken auf den Leinen. Der Sommer ist da, wir sind in Frankreich, es sollte alles nun ein bisschen leichter sein, aber ich kenne nur einen Gedanken. Ich will ihn beiseiteschieben, aber er ist da, seit dem Aufwachen, ganz deutlich und unverrückbar und damit schon fast wieder surreal.

Heute, so geht es mir durch den Kopf. Heute, heute wird es passieren. Es ist der Tag, auf den sie gewartet haben, denke ich, das Fußballturnier ist vorbei, ein Erfolg, wie es heißt, obwohl die französische Mannschaft das Finale verloren hat. Ein Erfolg, weil nichts passiert ist. Kein Anschlag, keine Toten. Kein islamistischer Terror bei der Europameisterschaft, ein halbes Jahr nach den tödlichen Attacken von Paris, am Stadion, in der Konzerthalle Bataclan, auf den Caféterrassen der Innenstadt.

Jetzt aber, denke ich, direkt nach dem Großereignis, entspannt sich die Lage, die Deckung geht nach unten wie bei einem erschöpften Boxer, kein Mensch kann ewig in Alarmbereitschaft bleiben. Und nun also dieser Tag, dieses Symbol, das millionenfach begangene Fest, draußen auf den Straßen und Plätzen und großen Boulevards, im öffentlichen Raum, der doch mal uns gehört hat, uns allen und unserer Naivität. Allein dass mich solche Gedanken plagen an einem Sommermorgen, ist das nicht schon ein Sieg für die Terroristen?

Ich drehe den Kopf und lausche Richtung Küche, der Gesang ist vorbei, ich höre eine von euch juchzen. Ich will aufstehen jetzt, hoch von der Matratze und ins Bad, ein bisschen kaltes Wasser ins Gesicht und dann rüber zu euch. Ich will euer Lachen sehen und meine Gedanken vergessen, sie helfen nicht weiter.

Es tut weh, das einzugestehen, aber es hat sie nie gegeben, Gedanken wie diese, bis vor ein paar Jahren, bis vor Kurzem, nicht in meinem Leben oder in dem meiner Geschwister oder Freunde oder Eltern. Die kleine BRD, das Deutschland meiner Kindheit, war für mich ein vollkommen sicherer Ort, so wie die Länder Europas, die wir in den Sommerferien bereist haben, Schweden, Frankreich, Griechenland, die Türkei. Todesangst und Waffengewalt im Alltag, das gab es höchstens bei Oma auf dem Sofa, in ihren Kriegsgeschichten im warmen Wohnzimmer. Wir haben Gummibärchen aus der kleinen Porzellanschüssel gegessen mit dem verzierten Rand und halbe Riegel Ritter Sport Alpenmilch, und Oma hat noch einmal von den Jagdbombern über der Burg erzählt, in die sie sich mit ihrer Freundin flüchtete, und von dem toten Kavalleristen im Hinterhof. Von dem G.I. mit dem Messer im Wohnzimmer ihres Elternhauses und dem mächtigen Panzer, der über den Hügel kam.

Alte Anekdoten, ferne Geschichten, wahr vielleicht, aber doch nicht greifbar für uns Kinder des Friedens. Nein, es war doch nicht lebensgefährlich, unser Leben, als ich Kind war und Jugendlicher, ruhig und friedlich war sie, unsere Stadt. Die Flughäfen waren nicht gefährlich und die Bahnhöfe nicht, und in einer großen Menschenmenge waren wir kein bisschen unsicherer als in der großen Pause auf dem Schulhof oder wenn unsere Mannschaft im Stadion gespielt hat. Beim Pizzaessen, im Bus, im Urlaub, es konnte uns nichts passieren in unserer kleinen heilen Welt, das wussten wir, das war selbstverständlich, solange wir nur nicht zu Fremden ins Auto stiegen oder im Dezember zu früh aufs Eis vom Prinzenweiher gingen.

Wie schaffen wir es nur, dass ihr genauso aufwachsen könnt? Wie schütze ich euch vor meinen Gedanken? Wie vor meiner Furcht? Wir können euch doch nicht aufwachsen lassen wie die »Wolfskinder« aus dem Dokumentarfilm, sieben Geschwister in New York, die vom Vater nie aus der Wohnung gelassen wurden, ihre ganze Kindheit nicht. Nichts durften sie kennen außer dem immer gleichen Blick aus dem 16. Stock und den Videokassetten im Regal, Hunderte Filme, Tausende, eine fiktive Welt auf ein paar flimmernden Zentimetern, die echte sahen sie nie.

Nein, nein, das geht nicht, wir müssen doch raus, ihr müsst doch die Welt sehen. Ist sie nicht doch noch dieselbe wie damals, dieselbe wie immer, ein paar arme Irre mehr oder nicht?

Wir machen einen Spaziergang, es ist schließlich Feiertag, verdammt noch mal. Wir laufen an der Metrostation Charpennes vorbei über den Platz, es ist früher Nachmittag, kaum was los, selbst auf den Bänken vor dem McDo, auf denen gestern noch die ganzen abgerissenen Typen saßen, die Checker mit ihren Basecaps und Jogginghosen und den weißen Ohrstöpseln. Auch sie machen Feiertag.

Ich schiebe euch in eurem Doppelkinderwagen über die Ampel, ihr liegt Seite an Seite, jede von euch in einer eigenen Schale, über euren Köpfen der hochgezogene Sichtschutz mit der Spielkette dran. Ihr liegt da und guckt aus großen Augen, eure Schnuller liegen neben euch, ihr schaut eure Finger an und fangt an zu schielen, weil sie so nah am Gesicht sind.

84

Wir laufen zu fünft durchs Viertel, zwei Kleine, drei Große, Pauline ist auch mitgekommen, sie springt in ihrem geblümten Sommerkleid mal vor uns, mal hinter uns herum, wechselt die Straßenseite, weil sie wieder irgendetwas entdeckt hat.

Eine Weile schieben wir euch zusammen, eure Mutter links, ich rechts, dann wird der Gehweg zu eng, ich schiebe wieder alleine weiter. Wir laufen unter der Bahntrasse durch, hinter der die Siebzigerjahrebauten aufhören und die sandfarbenen Apartmenthäuser der Jahrhundertwende beginnen mit ihren hohen Fenstern und den verspielten französischen Balkonen. Wir laufen der Sonne entgegen, die zwischen weißen und grauen Wölkchen durchscheint, durch das Viertel, in dem eure Mutter als Studentin gelebt hat. Mit ihrer Freundin geht sie die alten Geschäfte durch, die Patisserie Bernachon, das Café du Pont, Princesse Tam-Tam, das Masséna-Kino am Metroeingang, das meiste ist noch da, nur der schöne Instrumentenladen nicht, da ist jetzt eine von diesen lumpigen Subway-Filialen.

Ich schiebe euch in die Stadt hinein, hieve euch über eine Bordsteinkante, warte auf die Frauen, die sich wieder ein Schaufenster angucken. Ich beobachte abwechselnd die Passanten und die dunkelgraue Wolke, die hinter den Häusern aufzieht. Ich bin ungeduldig, warum, weiß ich nicht, es gibt keinen Grund, sage ich mir, ich will es mir nicht anmerken lassen.

Wir laufen Richtung Stadtzentrum, am Cours Roosevelt fängt die Beflaggung an, breite Trikoloren quer über dem Boulevard. Hinten, vor der Rhône, bauen sie die letzten Tribünen für das Feuerwerk am Abend auf. Wir werden nicht hingehen, morgens haben wir drüber gesprochen, kurz nur, es gab keine Diskussion, keiner hatte Lust, wir müssen nicht groß sagen, warum, jeder weiß Bescheid.

Keiner von uns ist da gewesen, am 13. November 2015 in Paris, am Abend, als die Terroristen das Bataclan angegriffen haben, das Stade de France und die Cafés in den Innenstadtbezirken der französischen Hauptstadt. Als Menschen gestorben sind durch Bomben und Kalaschnikows im Herzen von Frankreich. Wir waren alle woanders, Gott sei Dank, aber jeder von uns kennt jemanden, der da war an diesem dunklen Abend, im Konzerthaus, in der Arena, in der Nähe der Restaurants, oder der zumindest jemanden kennt.

Jeder weiß auch, wo er war. Ich erinnere mich an das lähmende Gefühl, als ich die Nachricht gehört habe, Tote in Paris, mein Kopf so leer, mein Herz aus Blei. Am anderen Ende der Welt war ich an diesem Tag, so weit weg von allem, ein sonniger Hochzeitsmorgen in Australien, und eure Mutter alleine im dunklen Europa mit euch beiden schon fünf Monate in ihrem Bauch. Ich konnte sie nicht erreichen, ich wusste, wie sehr sie das treffen musste, wie traurig sie wäre, wie viel Angst sie nun haben würde, und ich konnte nichts tun, sie nicht trösten, nicht in den Arm nehmen, nichts. Ich saß auf einer Veranda am anderen Ende der Welt, es war Morgen, nicht Nacht wie in Europa, Sommer, kein Winter, 30 Grad im Schatten, absurd. Wie hatte ich euch nur alleinlassen können?

Seitdem versuche ich mir einzureden, dass unser Leben noch genauso sicher ist wie vorher, genauso leicht wie immer, aber ich weiß, dass das nicht stimmt – selbst wenn es stimmt, statistisch, wie man sagt. Es ist jetzt eben alles vorstellbar, das reicht schon, die Bilder sind in unseren Köpfen, die verwackelten Videos, die Geräusche der Explosionen, vielleicht werden sie da für immer bleiben. So wie ich seit dem 11. September jedes Mal für einen winzigen Moment zusammenzucke, wenn ein Flugzeug zu tief unterwegs ist. Es geht nicht mehr weg.

An guten Tagen kann ich es beiseiteschieben, kann mein Leben so leben wie vorher, euer Leben, unser Leben. An schlechten Tagen will ich am liebsten gar nicht aus dem Haus. Unmöglich zu sagen, was davon wirkliche Angst vor dem Terror ist (also Angst vor der Angst selber) oder wie viel nur die Sorge der jungen Eltern um ihre Kinder. Ich sehe ja noch das Gesicht eurer Mutter vor mir in euren allerersten Tagen, ihre Tränen, ich spüre mein Herz hämmern, höre ihre Worte, wie sollen wir sie nur beschützen, sie sind so klein, wie soll das gehen? Ich höre mein Schweigen, ich wusste es ja auch nicht.

Wir laufen durch Lyon, durch die große fast menschenleere Stadt, eure Mutter, Pauline, ich und ihr beide. Die meisten Geschäfte haben zu, kaum Autos, es ist mir recht. Ihr schlaft jetzt beide, die Gesichter nach oben, die langen Wimpern, diese strichdünnen Augenbrauen, die winzigen Äderchen auf den Lidern. Wenn ihr schlaft, seid ihr noch blasser als sonst, fast durchsichtig.

Wir stehen an der Ampel nahe dem Fluss. Es ist düster geworden, die Sonne ist weg, die dunkelgraue Wolke jetzt fast genau über uns. Ich sehe euch an, ihr seht ruhig aus, unbeeindruckt, die weißen Steppdecken bis ans Kinn hochgezogen, die bunten Kissen unter dem Kopf. Ich weiß nicht, was ihr träumt, aber ich denke, es kann nichts Schlechtes sein. Ich suche die Hand eurer Mutter neben mir und denke an die Wochen nach Paris, die Nerven, die Paranoia des Alltags. Wie ich in der U-Bahn Ausschau gehalten habe, hektisch, panisch fast, immer auf der Suche nach bärtigen Männern mit Rucksack und grimmigem Blick. Der da? Oder der? Als dann die Frau gegenüber von mir aufstand, guckte mich düster ein Typ mit dunklem Bart aus der spiegelnden Scheibe an. Ich hatte die ganze Zeit nach mir selbst gefahndet.

Oder der Mann am Flughafen mit dem schwarzen Rauschebart und den dunklen Klamotten, der schon im Wartebereich so nervös auf und ab getigert war. Im Flieger saß er vier Reihen vor uns, hat sich umgeschaut, wieder und wieder, mein Puls raste. Er hat an seinem Gurt gerissen, der Bärtige, hat wild gestikuliert, mein Kopf schien zu glühen. Dann brachte die Stewardess ihm ein Schinkensandwich und eine Dose Bier, er trank hastig. Ich hörte mein Herz schlagen. Kein durchgeknallter Dschihadist, nur ein Hipster mit Flugangst.

Was für Narren wir geworden sind. Wir machen es ihnen so leicht. Haben wir nicht mehr zu bieten als das?

Es hat angefangen zu regnen, ein plötzlicher Sommerschauer mit zentimeterdicken Tropfen, die alles in Sekunden durchnässen. Es ist kühl in dem Café, in das wir uns geflüchtet haben, der Wind pfeift in den halb offenen Pavillon. Immer wieder kommen Pärchen im Laufschritt über den Platz und suchen Schutz wie wir. Pauline friert in ihrem ärmellosen Kleid, eure Mutter hat sich meine Strickjacke übergeworfen, neben ihr steht der Kinderwagen, eingekeilt zwischen zwei Tischen. Du bist aufgewacht, Ella, du weinst, schreist, spürst die veränderte Atmosphäre. Deine Mutter drückt dich eng an sich, hat dich in die Decke eingewickelt, nur deine Füße und dein Kopf schauen heraus. Ich blicke mich wieder nach dem Kellner um, der nicht mit der Rechnung kommt. Es ist kalt, ihr seid wach und nicht vernünftig angezogen, die Sonne ist weg, der Spaziergang vorbei. Wir müssen jetzt nach Hause, mit der Metro, runter ins Dunkle also mit Sack und Pack.

Der Aufzug ist zu eng, der Boden rutschig, an den Drehkreuzen lungern zwei schmierige Typen, sie rauchen und glotzen, ich schiebe euch den Bahnsteig herunter, so weit weg, wie es geht. Sieben Minuten bis zur nächsten Bahn, es kommt mir vor wie eine halbe Stunde. Endlich dann kommt der Zug, er ist voll, wir zwängen uns hinein, eure Mutter beugt sich über euch, ich sehe aus dem Augenwinkel, wie die beiden Typen direkt hinter uns eingestiegen sind. Ich mache mich breit, will euch vor ihren Blicken schützen, aber wahrscheinlich gucken sie gar nicht. Es ist alles so lächerlich, aber ich will jetzt nur noch, dass ihr zu Hause seid, im Warmen, im Trockenen, bei uns, euren Eltern, und niemandem sonst.

Als wir aus dem Aufzug kommen, regnet es noch stärker als vorher. Ich laufe los, halte den Griff des Kinderwagens umklammert und spurte so schnell es geht auf den rutschigen Gehwegen. Es ist nicht weit bis zum Haus, aber weit genug im Dauerregen, ich sehe eure Gesichter durch hundert Tropfen auf eurer durchsichtigen Regenplane, ihr guckt aus großen Augen aus einer anderen sicheren Welt und fragt euch wahrscheinlich, was dieser nasse Idiot mit dem roten Gesicht da draußen veranstaltet. Ich wetze um die Ecke, drehe mich vorher noch mal nach den beiden anderen um, da kommen sie. Die Haustür, der Schlüssel, wo ist er, Pauline hat ihn, die Schwelle, die Tür, drinnen im Gang steht noch die Hitze der letzten Tage.

Ich hatte diesen Traum, kurz bevor ihr geboren wurdet. Ich war in unserer Wohnung in Berlin, stand in der Küche, und da war sonst nur dieses Geräusch, draußen, wie ein Dröhnen, irgendwo oben am Himmel. Durchs Fenster konnte ich nichts sehen, aber es wurde lauter, dieses Dröhnen, monströs, es kam oben übers Haus, war nun ganz nah. Dann habe ich es gesehen, hinten, durch die Fenster zum Hof, ein riesiges Flugzeug, das heruntergeschwebt kam, immer tiefer ging es, über den Spielplatz und den Zaun, flog genau in das Baustellengelände mit dem halb fertigen Rohbau darauf.

Ich habe den Blick abgewendet, wollte nicht mehr hinsehen, konnte aber dann doch nicht anders. Ich sah die umgestürzten Baugerüste da hinterm Haus, die Flammen, die aus den Fensterlöchern des Betonbaus schlugen, und ich habe

91

die Panik gespürt, die Hitze in mir. Ich wusste, ich müsste etwas tun, bei der Polizei anrufen oder wenigstens in der Redaktion. Ich hatte ja alles gesehen. Aber nichts. Ich habe gewartet und gewartet, weggesehen, noch mal hingesehen, schließlich auf meinem Handy die Onlineseite meiner Zeitung aufgerufen, als würde ich es erst glauben, wenn es dort stünde. Dann bin ich aufgewacht.

Wir alle haben Angst, höre ich meine Schwester sagen, sie hat zwei Kinder, die schon in der Schule sind und im Kindergarten. Die Angst ist ganz normal, sagt sie, aber wir dürfen sie den Kleinen nicht zeigen, niemals.

Es ist nicht leicht. Ihr liegt in eurer kleinen Welt, gut geschützt selbst bei Regen, bald geht ihr treu an unserer Hand. Aber woran halten wir uns fest, wir Großen? An der Tatsache, dass unser Leben hier immer noch das sicherste weltweit ist? Dass Paris 364 Tage im letzten Jahr so sicher war wie immer? Dass Menschen zu Hunderten jedes Jahr zu Hause von der Leiter kippen, beim Joggen umfallen, dass mehr Leute, viel mehr, vom Auto überfahren werden, Erwachsene, Kinder, vom Familienvater, der zu schnell fährt, vom Nachbarn, der über den Durst gesoffen hat? Ist das alles ein Trost?

Was ist mit meinem Traum, er hat doch eine Bedeutung. Zeigt er nicht, wie nah uns der Schrecken schon auf den Leib gerückt ist? Das haben sie also schon geschafft, dass wir so was träumen, schlimm genug. Aber was ist mit dem zweiten Teil, meiner Schockstarre, war ich nicht in der Lage, die Tatsachen anzuerkennen und meinen Job zu machen? Hat mir der Mut gefehlt? Oder war es ganz anders: Habe ich gespürt, dass es eigentlich doch nicht wahr ist, nur ein böser Traum? Habe ich die Dinge klarer gesehen als in Wirklichkeit? Oder will ich insgeheim, dass alles wieder so ist wie früher, in der Zeit, als ich Kind war und die Skyline von New York noch genauso ausgesehen hat wie zu Hause auf meinem 1000er-Puzzle?

Es ist die Frage, wonach wir uns richten. Wonach wir leben. Nach dem, was wir sehen, oder dem, was wir lesen? Nach unserem guten Gefühl oder der schreienden Timeline? Lassen wir andere für uns denken, oder können wir das noch selbst? Wie sicher ist das Leben, und wie sicher muss es sein? Welches ist die Welt, die zählt, die da draußen oder die auf dem kleinen leuchtenden Ding in unserer Hand? Was machen, was tun? Wie verhalten wir uns? Ja, was ist sie, unsere Haltung? Ich hoffe, ich weiß es, wenn ihr groß genug seid, mich danach zu fragen. Lange wird es nicht mehr dauern.

Es ist zehn, halb elf abends, der 14. Juli 2016, ich liege im Bett, es ist dunkel im Zimmer, ihr schlaft neben mir in euren

Reisebettchen, deins, Frida, ist dunkelblau, deins, Ella, grau mit ein paar großen rosa Punkten drauf. Durch die geschlossenen Rollläden höre ich das Feuerwerk draußen in der Stadt, die dumpfen Kanonenschläge, das Prasseln der Raketen, das von irgendwo hinten vom Fluss kommen muss. Es fühlt sich seltsam an für mich, wie Silvester im Hochsommer, ein Tag, den es nie gab in meiner deutschen Kindheit. Noch einmal ist da der Gedanke vom Morgen, wie ein letztes Aufflackern, dann schlafe ich ein.

Irgendwann später, nachts, kommt eure Mutter zu mir ans Bett, ihr seid wach, ich höre euch quengeln, ihr habt Durst. Die Stimme eurer Mutter, sie sagt etwas zu mir, sie klingt seltsam, nicht so müde, wie sie sein müsste. »Eine Attacke«, sagt sie, und ihre Stimme bricht. »Es gab wieder eine große Attacke. Eben, beim Feuerwerk, unten in Nizza.«

Wir sehen die Bilder auf unseren Telefonen. Rennende Menschen, Schreie. Im Hintergrund die Palmen. Lange noch sind wir wach in dieser Nacht. Wir sind keine Maschinen, keine Roboter. Wir alle haben Angst, wir alle sind wie ein Boxer vor seinem ersten Kampf, wir fürchten uns vor dem, was wir nicht kennen, oder vor dem, was wir glaubten zu kennen, vor dem Denkbaren und dem Undenkbaren, vor dem Dunkel der Welt und vor dem Raubtier in uns selber, das wir immer wieder aufs Neue zähmen müssen.

Eigentlich sollte es einfach sein. Lassen wir uns von der Angst am Nacken packen, reißt sie uns zu Boden. Sehen wir ihr ins Auge, wird unser Blick vielleicht weiter, unsere Welt ein bisschen größer, wir wachsen mit ihr. Die Angst allein, denke ich, darf nie der Grund sein, etwas nicht zu tun. Eine schöne Theorie, aber wie anders soll es gehen? Wir müssen doch leben, müssen das Beste aus alldem machen, und sei es nur, damit ihr beide seht, wie das geht.

Der Morgen nach dem Anschlag, wir sind zu viert in der Wohnung, unsere Gastgeber sind schon ins Wochenende aufgebrochen. Draußen scheint die Sonne, kein Wölkchen am Himmel. Wir sitzen mit euch auf der Couch. Du sitzt auf meinem Schoß, Ella, und du, Frida, auf dem deiner Mutter, rechts von uns. Der Fernseher läuft, zum hundertsten Mal die gleiche Schleife, die gleichen Bilder, die Strandpromenade von Nizza, Menschen, die auseinanderlaufen, Straßenlampen unter Palmen. Und der große weiße Lastwagen. Er beschleunigt.

Wir sitzen da wie paralysiert, wir sehen schon gar nicht mehr richtig hin. Irgendwann mache ich den Fernseher aus, es bringt nichts. Ich höre den Springbrunnen durch das offene Fenster, das leise Plätschern unten vom Platz und das Murmeln der Menschen auf den Parkbänken im Schatten der Bäume. Wir rücken ein Stück näher aneinander, eure

Mutter und ich, unsere Beine berühren sich, wir nehmen euch beide unter den Achseln und drehen euch zueinander. Wir stützen euch mit einem Arm vor der Brust, eure Gesichter kommen sich ganz nah, ihr schaut euch an, und eure Augen werden groß. Da ist ein Lächeln, zwei, es ist, als würdet ihr euch zum ersten Mal sehen, und vielleicht stimmt das ja auch.

Eine Weile ist es ganz still, dann fängst du an, Frida. Du sagst etwas in eurer Sprache, die wir noch nicht verstehen, ruuuuh, sagst du, und deine Schwester juchzt. Du antwortest etwas, Ella, aguiii, so klingt das, aguiii. Du greifst nach der anderen kleinen Hand da vor dir, du ziehst sie ein Stück zu dir heran, und deine Schwester lässt dich machen. Ihr haltet euch an der Hand und lacht euch an, ihr macht leise Geräusche, und kleine Spuckebläschen bilden sich auf euren Lippen. Es ist das erste Mal, dass ihr so miteinander seid, so nah. Einer dieser Momente, denke ich, zwei Menschen begegnen sich.

Noch eine Weile bleiben wir so sitzen und schauen euch zu. Wir sitzen zusammen in unserer kleinen heilen Welt, es gibt nur uns vier, ich sehe euch an und kann nichts anderes erkennen als Freude und Neugier und die Liebe zweier Schwestern.

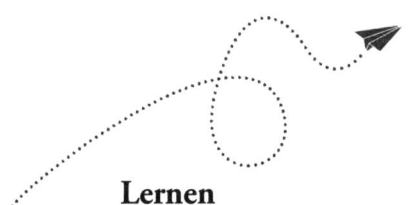

Lernen

Die Heimatstadt eurer Mutter stirbt. Es ist ein langsamer Tod, ein stetiges Austrocknen, und sie redet nicht gerne darüber, eure Mutter, es ist noch ihre Stadt, sie ist hier geboren und aufgewachsen, nie sind ihre Eltern weggegangen. Eine traurige Sache, das Schicksal so vieler kleiner Städte der französischen Provinz, aber es ist nicht zu übersehen. Da sind die verrammelten Läden in den Seitenstraßen und die VENTE-Schilder mit den Telefonnummern darunter, die keiner anruft. Da ist das Hochhaus unten am Kreisverkehr an der Loire mit seinen eingeschmissenen Fenstern. Da sind auch die Clochards, die mit ihren Hunden durch die Gassen ziehen und auf dem Mäuerchen am Stadtpark lagern mit Tetrapaks voll Rotwein.

Besonders an Sonntagen, wenn auch noch die Kioske und die meisten Cafés zuhaben, dann ist die Heimatstadt eurer Mutter eine seit 30 Jahren vergessene Filmkulisse. Für uns aber, für uns vier in eurem allerersten Sommer, ist dieses kleine verstaubte Städtchen im Burgund mit den engen Gassen und der mächtigen Kathedrale hoch über dem Fluss das reine Paradies.

Hier sind eure Großeltern, vier helfende Hände, die wir ersehnt haben. Mamie und Papi, ihr Haus liegt in der Fußgängerzone, in einer Seitenstraße der Rue du Commerce, ein alter Steinbau mit meterdicken Wänden, schräg gegenüber von einer kleinen Bar, die nicht mehr aufmacht seit ein paar Jahren. Durch die Scheiben kann man noch alles sehen, die Zapfhähne, die umgedrehten Barhocker, ein gemütlicher Laden muss das mal gewesen sein.

Wir haben unser eigenes Zimmer im ersten Stock, die Krabbeldecke im Salon nebenan, zwei geliehene Babystühlchen unten im Wohnzimmer, und wenn wir wollen, sind wir in zwei Minuten mit euch im Kinderwagen durchs Garagentor ins Freie gerollt und fünf Minuten später im Park. Es tut gut, dass wir uns für eine Weile nicht um die Einkäufe kümmern müssen oder ums Kochen oder um die Wäsche, wir sehen etwas Licht. Eure Mutter ist bei ihrer Familie, in ihrer Stadt, die sonst so weit weg ist, und ich kann endlich wieder schreiben, zwei, drei Stunden jeden Morgen, es tut mir so gut.

Zwei Tage sind wir hergefahren in unserem alten Kombi, den Kofferraum voll bis unters Dach, Körbe voll Babyzeug selbst noch zwischen euren Sitzen auf der Rückbank. Und mittendrin ihr beide, in den Spiegeln an den Kopfstützen konnte ich euch sehen, zwei selige Gesichter in all dem

99

Kram, fast die ganze Fahrt habt ihr geschlafen, als wäre das stete Geräusch des Motors das Beruhigungsmittel, auf das ihr all die Wochen gewartet habt, euer Sound of Silence.

Wir haben uns verkleinert für ein paar Monate, haben die nervöse Großstadt eingetauscht gegen die Stille alter Gemäuer, wollen den Lärm und Dreck unseres Berliner Baustellenviertels vergessen für eine Weile, die Enge unserer Wohnung, die quälende Frage auch nach dem Wohin.

Vielleicht löst sie sich ja, während wir weg sind, so hoffen wir mit der Naivität der Verzweifelten. Eine Wohnung immerhin haben wir uns noch angesehen vor der Abfahrt, eine, die groß genug wäre und sogar bezahlbar, 100 Quadratmeter Altbau, ein Traumlos. Hastig habe ich noch alle nötigen Unterlagen zusammengestellt und persönlich abgegeben, seitdem warten wir auf Antwort, in 1300 Kilometer Entfernung.

Ein Morgen im August, wir sitzen mit euch im Erdgeschoss, im offenen Wohnzimmer mit dem Kamin und den dunklen Dielen und den beiden braunen Wildledersofas um den Glastisch, unter dessen Platte das Art-déco-Plakat einer Ausstellung hier im Ort klemmt, einer der vielen Flohmarktfunde eures französischen Opas. Ihr habt eure Fläschchen getrunken und sitzt auf dem Schoß eurer Großeltern, ihr seht zufrieden aus, seid ausgeruht und glücklich wie jeden Morgen, habt schon vorhin in euren Reisebettchen gelegen und mit lautem Juchzen unsere nahenden Schritte auf dem Parkett begrüßt.

Sechs Monate seid ihr heute alt, sagt eure Mutter jetzt, sie ist die Einzige, die daran gedacht hat. Ein halbes Jahr, denke ich, der erste Meilenstein, plötzlich ist er da, ein halber Geburtstag, euer *Demiversaire*. Wir singen euch ein Lied und lassen euch hochleben, ihr strahlt und umklammert unsere Finger mit der ganzen Hand.

Durch die gekippten Fenster dringen die Geräusche des Morgens herein, ein Moped, das die Straße herunterkommt, die Bürsten der Kehrmaschine eine Ecke weiter. Ich beuge mich vor. Über den Hausdächern ist nichts als der tiefblaue Himmel, der den nächsten heißen Tag ankündigt.

Wir legen euch auf die bunte Decke in euren Laufstall, den ich mit eurem Opa neu bemalt habe drüben im Hof. Ich sehe euch zwischen den mintgrünen Gitterstäben. Du, Ella, sitzt schon fast ganz ohne Stütze, du, Frida, drehst dich jetzt auf den Bauch und greifst nach einem der beiden Holzharlekins, die immer auf euch aufpassen. Ein halbes Jahr, denke ich, kann das sein? Der Anfang scheint so weit weg, und trotzdem, seid ihr nicht immer noch genauso winzig wie am

101

ersten Tag? Es ist, als hätte ich alle Veränderungen verpasst oder vergessen, unsere und eure.

Ich weiß, das kann nicht sein, in den ersten Wochen konntet ihr nicht mal lächeln, kanntet nicht den Unterschied zwischen Tag und Nacht, jetzt schlaft ihr durch von sieben bis sieben, esst mittags schon Brei vom Löffel. Die ersten Zähnchen brechen bald durch, sie kündigen sich bereits an. Wir sind schon weit gekommen, und natürlich werdet ihr groß, es muss die Blindheit des Alltags sein, seit Monaten haben wir euch ständig um uns, jeder neue Tag ist die logische Folge des vorherigen, das Immergleiche kennt nur winzig kleine Veränderungen, die uns kaum auffallen. Ein halbes Jahr seid ihr bei uns, Tausende Fotos müssen da sein auf dem iPhone eurer Mutter, aber wie wir hierhergelangt sind, weiß ich trotzdem nicht.

Vor zwei Wochen noch schien alles aussichtslos, zwei Nächte ohne Schlaf, du hast geweint und geschrien, Ella, hilflos wie wir Großen bei all den Schmerzen in deinem entzündeten Mittelohr. Endlose Stunden ohne Verbesserung, keine fünf Minuten Ruhe, das Antibiotikum wirkungslos, ich hätte selber brüllen können, Möbel umwerfen, diese unerträgliche Machtlosigkeit, dieser Zorn auch, der mich befällt, wenn alles zu eng wird und ich mich fühle wie ein Tier im Käfig. Und nun sitzen wir hier, freuen uns mit euch, sehen euer Lächeln und vier glänzende Augen. Wie schnell wir vergessen. Manchmal hilft es.

Ich lasse euch bei eurer Mutter und euren Großeltern und gehe mit einer Flasche Wasser hoch in den ersten Stock. Ich mache die Tür hinter mir zu, klappe den Laptop auf und stecke mir die Kopfhörerstöpsel in die Ohren. Das Fenster steht weit offen, von draußen aus dem kleinen Hof kommt die Kühle des Morgens herein, sie tut gut in diesen heißen Tagen. Der französische Sommer liegt über allem wie eine schwere Decke, die sich nur nachts für ein paar Stunden lüftet.

Ich arbeite hier am alten Schreibtisch eurer Mutter, ein einfacher heller Holztisch mit drei Schubladen auf der linken Seite, er ist eigentlich zu klein, meine Knie stoßen von unten an die Platte, aber ich mag es, hier zu sitzen, es kommt mir vor, als könnte ich die Vergangenheit berühren, die Geschichte, die auch eure ist.

Ich sitze da, die bloßen Unterarme auf dem glatten Holz, ich atme frische Luft, schaue auf den Bildschirm und denke zurück an den Anfang, an die Wochen vor eurer Geburt. Ich muss an den letzten Winter in Berlin denken, diese letzten Tage ohne euch, an meine Gänge durch die kahle, eisige Stadt. Schon damals habe ich versucht, euch zu schreiben, meine Gedanken festzuhalten für euch beide, aber es waren andere Texte, seltsam abstrakt, theoretisch. Sie kamen aus dem Früher, die Worte, nicht aus dem Jetzt, sie standen in der Ichform, weil es euch noch nicht gab.

Nein, ich kannte euch noch gar nicht, war völlig ahnungslos, hatte euren ersten Schrei nicht gehört, euch nicht strampeln sehen, euren Atem nicht gespürt auf meiner Haut. Nur drei, vier Ultraschallbilder hatte ich und jede Menge falsche Vorstellungen davon, was mich erwarten würde. Seltsame Tage waren das vor eurer Geburt, ein langes Warten auf das Unerwartbare, und je näher das Neue rückte, desto größer schien auch die Vergangenheit zu werden, all die Gedanken an das Früher. Stundenlang bin ich manchmal durch die Stadt gelaufen an diesen kalten Wintermorgen, wenn die Kanten der Häuser so scharf sind wie Papierränder und alle Menschen Wolken atmen. Und an jeder Ecke schien eine neue Erinnerung auf mich zu warten.

Wenn sich alles ändert, denkt man zurück an den letzten großen Cut, vielleicht ist es das. Vielleicht ist das der Grund, warum ich in den Wochen vor eurer Geburt so oft an meine Zeit als Student zurückdachte, an mein letztes Jahr an der Uni, drüben in Philadelphia, an Amerikas Ostküste, wo die Konturen in der Stadt die gleichen sind an klaren Tagen, wenn der Wind von Kanada her durch die Boulevards geht.

Zwei Semester waren das, zehn Monate, in denen sich alles noch einmal beschleunigt hat, eine Zeit voller Fehler und Versuche, mit Abschlüssen und Neuanfängen und Widerrufen, mit Hunderten Büchern auch, die ich fast alle vergessen habe. Ich erinnere mich noch an die Stapel auf meinem Schreibtisch und an die drei Regalbretter da oben in meinem winzigen Wohnheimzimmer, die sich unter der Last all der Werke bedrohlich bogen. Ich erinnere mich an den weißen Rauch der Schornsteine vor dem blauen Winterhimmel auf dem Campus, an das gelbrote Licht der Nächte und das Pumpen der Klimaanlage von der Turnhalle nebenan, die niemals eine Pause machte. An die kleinen Arbeitsboxen aus dunklem Holz in der Van-Pelt-Bibliothek und die ruhige Geschäftigkeit der späten Abendstunden und den Geschmack von Kaffee und getoasteten Creamcheese-Bagels in der kleinen Cafeteria im Untergeschoss.

Alles hat sich verdichtet in diesen letzten Wochen, in denen ich über meiner Abschlussarbeit gebrütet habe. Mit dem Blick von heute scheint es mir läppisch, fast lachhaft, all die Zweifel, all der Zorn für 70 Seiten, ganze Wochen in Schockstarre vor einer immer weiter wachsenden Literaturliste. Aber der 24 Jahre alte Student der Geschichte, der ich damals war, war voller Panik.

Schließlich saß ich in der Sprechstunde meines Betreuers, Mike Zuckerman, ein Typ wie direkt aus einem Paul-Auster-Roman mit seinen zerbeulten Sneakers und dem Hemdkragen unter dem Pullover mitten in dem wohlgeordneten Chaos seines getäfelten Ivy-League-Büros. Eine Legende seines Fachs, ein anerkannter Experte der frühen amerikanischen Geschichte mit sechsstelligem Jahresgehalt, der trotz allem jederzeit bereit schien, sich einen Rucksack über die Schulter zu werfen und rüber zum Turnpike zu laufen, um noch mal quer durchs Land zu trampen.

Ein Mensch, wie man ihn selten trifft, mit dem unbestechlichen Blick für das Eigentliche und einem ehrlichen Lächeln, das so viel Mut macht. Er hat sich meine Klagen angehört und all die Zweifel und Fragezeichen, wen muss ich noch lesen?, wer ist am wichtigsten für mein Thema?, wie viele Bücher? Am Ende hat mein Professor milde den Kopf geschüttelt, niemanden musst du mehr lesen, du hast doch alles. *Just tell the story*, hat er gesagt, *that's enough. Just tell me your story.*

Wie leicht ich mich gefühlt habe auf dem Heimweg durch die grünen Parks des Campus, die Worte meines Professors im Kopf, erzähl mir nur die Geschichte, *but tell it well.* Er hatte ja recht, dachte ich, es war schon alles da, eine Familie, die unter der amerikanischen Revolution zerbricht, zwei Söhne, die dem Vater die Stirn bieten, während die Neue

Welt sich von Europa abstößt. Pastoren, die Soldaten werden, Glaube, Loyalität und Vatermord. *Tell the story.* Plötzlich war alles klar, ich wusste, was zu tun war, auf einmal war alles einfach, ich konnte meine Literaturliste wegschmeißen und mich einfach auf die Quellen stützen, die ich hatte, die Tagebücher und Briefe des alten Heinrich Mühlenberg, er war die Story.

Wenn ich heute sagen müsste, was ich damals gelernt habe, in meinen Jahren als Student, dann sind es am Ende genau diese Worte, dieses simple Glaubensbekenntnis meines Professors. Vertrau der Geschichte. Du hast sie ausgewählt, deshalb ist sie gut. Jetzt erzähl sie ihnen, los.

Wie oft ich daran schon gedacht habe. Die rettende Kraft ein paar klarer Worte, das aufmunternde Lächeln eines Menschen, dem die Dinge nicht egal sind. Und es stimmt, egal ob als Geschichtsstudent oder Reporter oder Autor oder abends in der Kneipe. Immer geht es doch um die Geschichte und darum, mit welchen Mitteln man sie erzählt.

Es ist wärmer geworden, draußen vor dem Fenster, an diesem Augustmorgen in Frankreichs Provinz. Vor gut einem halben Jahr bin ich noch durch das kalte Berlin gelaufen, jetzt sitze ich hier im Hochsommer, Vater von zwei Töchtern, am alten Schreibtisch eurer Mutter. Was wird sie gedacht haben, wovon hat sie geträumt als Schülerin an diesem Tisch, auf diesem Stuhl, an all den Nachmittagen, die sie hier saß, eure Mutter, mit den Hausaufgaben schon lange fertig. Vielleicht hat sie nach draußen geschaut wie ich jetzt und versucht, sich die Tage vorzustellen, wenn sie endlich groß wäre, kein Mädchen mehr, kein kleines Kind.

Das ewige Warten, all die Zweifel, das Bangen. Sie scheinen weit weg hier, im französischen Sommer, die einsamen Tage von Berlin. Bald aber müssen wir wieder zurück, in ein paar Wochen packen wir erneut das Auto, es wird noch voller sein als auf der Hinfahrt. Dann müssen wir wieder nach Hause, dann kommt der Herbst, die Arbeit, die Rückkehr in den Alltag. Auch die Zweifel werden wiederkommen, hartnäckige Begleiter, die sich nie lange abschütteln lassen. Und doch, es geht voran. Wir schreiben weiter an unserer kleinen Geschichte. Wort für Wort, Satz für Satz.

Der Nachmittag an eurem halben Geburtstag, ihr habt geschlafen und euer Kompott gegessen. Ihr liegt im Kinderwagen in Bodys und kurzen Hosen, wir haben eine der großen Spuckwindeln quer vor eure Körbchen gespannt gegen die Sonne. Es ist heiß, wir laufen an den Boutiquen der Einkaufsstraße entlang, an den Schuhgeschäften und der Chocolaterie und der Apotheke mit der Brandwandwerbung aus den Fünfzigerjahren und dem Kiosk gegenüber der Kirche, wo ich mir immer meine *L'Equipe* kaufe und es die *Bancos* gibt und die *Goals*, die kleinen Rubbellose für einen Euro. Wir halten nicht an, wir haben ein Ziel, wir wollen zur École Lucette Sallé, zur alten Grundschule eurer Mutter. Mitten hinein in ihre Kindheit.

Es war nur eine Hausaufgabe damals in der vierten Klasse, und sie hätte es sich leicht machen können, eure Mutter, so wie ihre Freundinnen, die sich für Michael Jackson entschieden haben oder für irgendeinen anderen Glitzermenschen, über den jeder Zweite sofort eine schnelle Meinung hat. Aber sie hat diese Frau ausgewählt, nach der ihre Grundschule benannt war, Lucette Sallé, und keiner schien ihr mehr sagen zu können, wer das eigentlich war, selbst ihre Lehrer nicht.

Spätestens da hätte sie es bleiben lassen können, eure Mutter, ich hätte das wahrscheinlich so gemacht, hätte einen Fußballspieler genommen oder einen großen Schriftsteller, aber eure Mutter hat das nur noch neugieriger gemacht, dieses Achselzucken der anderen.

Sie schiebt euch, eure Mutter, ich laufe neben ihr her. Ich sehe eure nackten Füße, die schon an den Rand der Liegeschalen stoßen. Sobald wir zurück sind, müssen wir den Kinderwagen umbauen, ihr wollt nicht mehr liegen, manchmal zieht ihr euch schon am Rand nach oben, wollt nicht ewig

109

nur die Wolken anstarren und die Stromleitungen, ich kann euch verstehen.

Wir schlängeln uns an den Cafétischen auf dem Résistance-Platz vorbei, die unter mächtigen Sonnenschirmen stehen. Drüben hält der Bus. Ist das der, den du immer zum Lycée genommen hast?, frage ich eure Mutter, und sie nickt und lächelt. Da steht das Haus, das wir unser Lieblingshaus nennen, Verkaufsschilder an den Klappläden, drei Geschosse mit hohen Fenstern. Wir kaufen und renovieren es eines Tages und wohnen dann hier im Sommer oder das ganze Jahr, so reden wir, aber was bei mir nur Spinnerei ist, ist bei eurer Mutter immer auch ein bisschen Ernst. Sie vermisst ihre Stadt, ihre Familie. Sie sieht diesen Ort noch mit den Augen des kleinen Mädchens, das hier aufgewachsen ist, in den gleichen Straßen, in einer anderen lebendigeren Stadt.

Wir laufen am Karussell vorbei, auf dem sie immer mit ihrer Oma war als kleines Kind. Heute hat es zu, steht still, all die Pferde und Micky Mäuse und Helikopter sind verhängt. Ich schaue eure Mutter an, sie lächelt, ich weiß, sie ist traurig, dass wir bald wieder fahren, aber sie ist auch glücklich, wegen euch, wegen uns. Ich berühre ihren Arm, ihre offenen Haare, ihren Nacken, wir laufen zusammen über den asphaltierten Weg am Parkrand, bis hoch auf den Hügel, hoch zu Lucette Sallé.

110

Samstag für Samstag ist sie damals zur Bibliothek gegangen, eure Mutter, eine Viertklässlerin mit einer Mission. Sie hat sich die alten Bücher geben lassen, eins nach dem anderen, hat den Staub vom Einband gepustet und sich in die Geschichte dieser Frau vertieft, die 50 Jahre schon tot war. Ein schöner Name, Lucette, er klingt hell, wie das Licht, das denen leuchtet, die sich etwas trauen im Leben.

Das Schulgebäude steht still und leer am Kreisverkehr an diesem Nachmittag im August, kein Auto, kein Mensch. Die langen, langen französischen Sommerferien. Streng wirken sie auf mich, diese französischen Schulen mit ihren hochgeschlossenen Fronten zur Straße hin, kein Pausenhof zu sehen, kein Baum, kein Grün, nur dieser helle, harte Stein. In ein paar Wochen erst wird es wieder laut sein und voll hier oben, dann werden sie wieder auf den Lehnen der grünen Bänke sitzen und mit ihren Kaugummis knallen, werden mit ihren riesigen Rucksäcken aus dem Bus steigen, so wie eure Mutter vor 20 Jahren.

Woche für Woche hat sie alles gelesen, was ihr die Bibliothekarin herausgesucht hat, auch sie muss gerührt gewesen sein von der Hartnäckigkeit dieses kleinen Mädchens mit den dunklen Augen. Schließlich, Stück für Stück, Seite für Seite, hat eure Mutter erfahren, wer das war, Lucette Sallé, eine einfache Grundschullehrerin, bis der Krieg über ihr

Land kam und der Feind in die Stadt. Eine Lehrerin, die zur Kämpferin wurde, die in den Widerstand ging, die Sabotagen plante, Waffen versteckte. Der Feind, das waren die Deutschen damals. Der Feind, das waren Männer wie ich.

Wir stehen vor der Schulfassade. Euer Wagen steht schräg zum Gebäude, die Handbremse angezogen, ihr schlaft beide, es ist ganz still an der leeren Straße. Wir schauen hoch, zwei Tafeln hängen da, in drei Meter Höhe vielleicht. Auf der ersten steht der Name der Schule, École Lucette Sallé. Und dann ein zweites viereckiges Steintäfelchen, eng beschrieben. Die zweite Tafel hängt dort wegen eurer Mutter.

Ein Leben ist da beschrieben in ein paar Zeilen, das Leben von Lucette Sallé, 1900–1945, Mitglied der Widerstandsgruppe *Libération-Vengeance*, von der Gestapo verhaftet, gefoltert, deportiert nach Ravensbrück. Ich sehe das umständliche deutsche Wort da inmitten all des eleganten Französisch. Es scheint nicht dort hinzugehören.

Eine Lehrerin, die gekämpft hat, gegen den Feind, gegen die Ungerechtigkeit, ein Mensch, dem die Dinge nicht egal waren, der dafür sein Leben ließ, das ist die Geschichte hinter der Tafel. Eure Mutter hat sie noch einmal allen erzählt, und niemand kann jetzt mehr sagen, er wisse den Namen nicht oder wofür er steht.

112

Ich sehe hoch an der alten Schulhauswand und denke an den Zeitungsausschnitt, den mir eure Mutter gezeigt hat. Das Foto ist genau hier aufgenommen worden, wo wir jetzt stehen, damals, bei der feierlichen Enthüllung der Gedenktafel. Zwei Menschen sind auf dem Foto zu sehen, ein älterer Mann mit nachdenklichem Gesicht und neben ihm ein kleines Mädchen mit einem stolzen Lächeln und zwei dunklen Zöpfen bis zur Schulter.

Das ist eure Mutter neben dem Sohn von Lucette Sallé, ein mutiger Mensch.

Wir stehen da unter ihrer Plakette, der Deutsche, die Französin und ihr beide in eurem Zwillingswagen, zwei Töchter des Friedens, den sie nicht mehr gesehen hat, Lucette Sallé, gestorben am 25. April 1945 an den Folgen der Folter im Krankenhaus ihrer Heimatstadt. Fast hätte man sie vergessen, ihre Geschichte, einfach so.

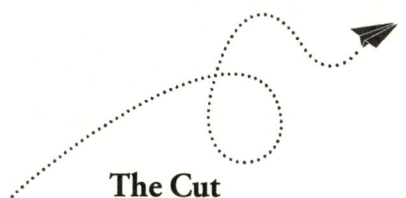

The Cut

Wir stecken mitten im Gewerbegebiet, irgendwo zwischen Autobahn und Stadt, wir fahren hin und her im Labyrinth der Kreisverkehre, und ich spüre die Verzweiflung, sie macht sich breit in mir. Keine gute Sache, so kurz vor dem Ziel vom Weg abzukommen, schlimmer noch in der eigenen Heimatstadt.

Mitte September, es wird Herbst, der lange Weg nach Hause. Wir sind kurz vor dem Ende unserer ersten Etappe, vom Burgund ins kleine Saarland, wo ich geboren bin, wo meine Schwester wohnt mit ihrer Familie. Fast schon sind wir da, vor fünf Minuten haben wir die alten Grenzanlagen überquert, ich höre mein Handy piepen, es hat wieder deutschen Empfang, aber ich finde ihn einfach nicht, den Weg in die Stadt. Ich kurbele das Lenkrad nach rechts und nach links, gebe Gas, bremse, noch ein Kreisverkehr, dann sind wir wieder an der gleichen Ecke wie vor zwei Minuten schon.

Ihr beiden seid wach geworden dahinten, gleich wird das Schreikonzert losgehen, eure Mutter versucht neben mir vergeblich, ein Ortungssignal auf ihr Handy zu kriegen. Alle

116

Schilder weisen falsche Richtungen, ich komme mir vor wie in einem Stadtplan von M. C. Escher, eben wären wir fast schon wieder nach Frankreich eingebogen.

Es ist lächerlich, zum Heulen, hier bin ich geboren und zur Schule gegangen, und doch finde ich mich nicht zurecht. Ihr beiden fangt an, euch zu regen, ihr streckt euch unter den engen Gurten eurer Sitze, da sind die ersten hohen Schreie. Mir steht der Schweiß auf der Stirn, ich bin müde von sechs Stunden Autofahren und jede Minute mehr genervt von dem ganzen Mist. Wir könnten jetzt schon bei meiner Schwester im Eingang stehen, im alten Haus meiner Großeltern, in dem sie nun wohnt mit ihrem Mann und ihren zwei Söhnen, könnten unsere Übernachtungssachen ausladen, euch beide endlich aus euren harten Schalen holen. Stattdessen kurven wir herum zwischen gigantischen Werbetafeln, Einrichtungshäusern und Kfz-Höfen, werden links und rechts überholt. Alle anderen Autofahrer wissen, wo sie hinmüssen, nur wir nicht.

Was ist das nur für ein Mensch, denke ich, der sich nicht auskennt, da, wo er herkommt? Der sich verfranst in dem Ort seiner Herkunft, der Stadt, die in seinen Dokumenten steht sein Leben lang, im Ausweis und über dem Lebenslauf? Der die Wege nicht kennt, die in seine Heimat führen?

117

Weiß ich, wer ich bin?

Irgendwann, endlich, höre ich die blecherne Stimme der Frau aus der Navigations-App, sie spricht alles Englisch aus, lächerlich falsch, aber sie weiß, wohin es geht. Sie sagt uns die Route an, ich folge ihr blind.

Später am Tag bin ich alleine mit euch im Wohnzimmer, meine Schwester ist ihren Kleinen von der Kita abholen, eure Mutter packt unten im Gästezimmer eure Sachen aus. Es ist seltsam, hier im Wohnzimmer eurer Urgroßeltern, die längst nicht mehr da sind. Vielleicht ist es nur Einbildung oder die Trägheit der Gefühle, die Macht des kindlichen Eindrucks, aber da sind Opas Seife und Omas Parfüm in meiner Nase, ganz leicht, aber ich spüre es doch. Es riecht noch nach ihnen.

Ich stehe am großen Wohnzimmerfenster mit Blick auf die Terrasse und den Garten und den alten Apfelbaum mit dem krummen Stamm. Ich sehe das rotbraune Gestänge der Schaukel hinten vor dem Gemüsebeet. Ich sehe mich selbst auf ihr sitzen auf den alten Fotos, als kleines Kind mit meiner dunkelblauen Mondfahrermütze, die nur mein Gesicht freigelassen hat.

Ich hebe euch eine nach der anderen vom Teppich hoch und zeige euch das alles da draußen, den Rosenbusch, die Blumenbeete links und rechts vom Rasen, den sanft ansteigenden Rasen und den krummen Schuppen hinten vor dem Zaun. Ich kenne jedes Detail, es ist der Blick in meine Kindheit. Für mich ist das noch Omas und Opas Garten, es ist ihr Haus und ihr Wohnzimmer, auch wenn jetzt die Spielsachen meiner Neffen auf dem Boden verteilt sind. Ja, die Wandschränke sind verschwunden mit Opas Atlanten und den Kunstbänden und dem guten Sonntagsbesteck. Aber die alte Wanduhr tickt noch, ich höre sie wie damals zur Mittagsruhe, wenn wir still gespielt haben am Fuß des Sofas, unter dem Hin und Her des langen Pendels, das nie ganz gleichmäßig war. Und Opas leises Schnarchen von den beiden Sesseln, die er sich zusammengestellt hatte.

Wann werdet ihr dort auf der Schaukel sitzen, vielleicht nächstes Jahr schon, denke ich. Und ich stehe dann hinter euch und gebe euch Schwung wie meine Mutter auf den alten Bildern, eine junge Frau im Garten ihrer Eltern. Hier, mit euch an diesem Ort, wo ich doch immer Kind war, scheint mir das alles, mein neues Leben, noch unwirklicher als sonst.

Wann hört das eine auf, frage ich mich, und das andere fängt an? Wann kommt er, der Punkt, ab dem man kein Kind mehr ist?

Ich setze mich neben euch auf den Teppich und gebe euch euer Spielzeug, die Rassel, das Knautschebuch mit dem Spiegel, den Hasenball. Ihr spielt still, als würdet ihr diesen Ort schon lange kennen. Ihr seid schon so geschickt mit diesen kleinen Dingen, dreht und wendet sie in eurer Hand, führt sie zum Mund, prüft alles ganz sorgfältig. Ich spüre das alte Sofa in meinem Rücken und denke an den Weihnachtsmorgen, als ich hier hochgekommen bin vom Bahnhof, zu Fuß durch einen Vorhang von nassem Schnee, der nicht liegen blieb.

Fahr zu Oma, hatte meine Mutter gesagt, es geht ihr nicht gut. Und hier saß sie, auf demselben Sofa, die Wolldecke über den angezogenen Beinen, den Unterarm aufgestützt auf der Seitenlehne, und wir haben erzählt, was es Neues gibt, wie es mir geht. Alles schien wie immer, aber da war auch etwas, das es vorher nie gegeben hatte, etwas in ihrer Stimme, Brüchigkeit, Erschöpfung, seltsam leise die Sätze.

Ich war alleine gekommen, morgens am Heiligabend, weil ich schon am zweiten Feiertag wieder zurückwollte nach Berlin. Ich blieb eine Stunde oder zwei, bis nicht mehr zu übersehen war, dass das alles zu anstrengend wurde für sie. Ich erinnere mich an Omas Lächeln zum Abschied, sie ist sitzen geblieben, und es war ein tapferes Lächeln da in ihrem Gesicht, kein zuversichtliches mehr.

Das und der Schnee auf dem Weg zurück zum Bahnhof, aus einem grauen Himmel ist er gekommen, feucht und schwer, an dem Heiligabend, als ich Oma zum vorletzten Mal gesehen habe.

Wann hört man auf, jung zu sein, klein? Wann endet sie, diese schwerelose Zeit, die Kindheit? Ist es, wenn zum ersten Mal das Unvorstellbare passiert? Wenn jemand verschwindet, der immer da war, und dann bald noch einer? Menschen, die einen angeschoben haben, die nie gefordert, nur gegeben haben, über all die Jahre und Jahrzehnte. All die Verlässlichkeit. Da war doch immer ein warmes Wohnzimmer mit dem Esstisch neben dem Klavier und dem leisen Ticken der goldverzierten Uhr, da war eine Milchschnitte und ein Malzbier im Kühlschrank und fünfzig Mark im Umschlag im Schränkchen im Flur. Da waren all die Gespräche, all das Zuhören, all die Anregungen und Erklärungen, all die Weisheit eines langen Lebens, die ganze gutmütige, selbstverständliche Liebe von Oma und Opa.

Eben haben sie noch am Fenster stehend auf mich gewartet, eben noch habe ich ihnen erzählt vom überstandenen Examen und der Reise, die kommt, von den Plänen und dem Sommer und allem. Am Ende geht es so schnell.

Jetzt seid ihr es, die hier auf ihrem Teppich spielen, er ist noch da wie das alte Sofa und die Wärme des Raums und der Geruch des Früher. Bald schon werdet ihr auf dem Sessel hüpfen wie wir damals und durch den Garten flitzen, ihr werdet zum Sandkasten auf dem Spieli nebenan wollen und aufs Klettergerüst wie die Kinder meiner Schwester, manchmal kann ich es immer noch schwer fassen.

Ich will euch die Gegend meiner ersten Jahre zeigen. Der nächste Morgen, wir laufen zum Wald. Erst ein paar Hundert Meter Richtung Kirche, dann die enge, steile Dieselstraße hoch, die Steigung, die mir als Kind immer so viel länger vorgekommen ist. Schon sind wir am Parkplatz am Waldrand, alle Entfernungen so winzig heute, das ganze Viertel wie eine Modellzuglandschaft unter meinen Gulliverschritten. Ich schiebe euch an der weiß-rot lackierten Schranke vorbei, dann sind wir auf dem ebenen Weg zwischen den Bäumen. Wie oft bin ich hier gegangen über all die Jahre, wie oft auch schon hier geschoben worden wie ihr jetzt.

All die Erinnerungen, die Stimmungen, die kindlichen Gefühle, sie sind wieder da, sie umgeben mich hier an dem
Ort, aus dem ich komme. Ich sehe einen umgestürzten
Baum links vom Weg, denke daran, wie wir früher hier immer Höhlen bauen wollten. Dann kommen wir unter dem
neuen Kletterpark durch, Strickleitern und Seile und Holz-
brücken zwischen den Bäumen auf beiden Seiten des Wald-
wegs. Klettern können in unserem Wald in zehn, zwölf Meter Höhe, mein Gott, was hätten wir damals für solch eine
Robin-Hood-Welt gegeben!

Ein paar Minuten später stehe ich mit eurem Kinderwagen
an der großen Kreuzung, an der es hochgeht zum Wildpark
und runter ins Tal. Von einer Sekunde auf die andere weiß
ich nicht mehr weiter. Ich stehe da ohne Kraft und Richtung, es ist so lange her, dass ich hier war. Ich will euch den
Schotterweg zu den Tiergehegen hochschieben, aber dann
wird es mir doch zu viel, ich drehe mitten in der Steigung
um, ich weiß nicht, warum, es ist ein Impuls, der von in-
nen kommt, ein Gefühl, das mir nun alle Entscheidungs-
kraft nimmt. Ich fühle mich allein auf einmal, fremd, fehl
am Platz, an einem Werktagsmorgen hier im Wald. Es ist ein
quälendes Gefühl verrinnender Zeit, wie früher am letzten
Tag der Krankschreibung, wenn ich schon gesund war und
doch noch nicht wieder rausdurfte.

Was haben wir hier verloren? Was machen wir hier, gehören wir nicht ganz woandershin? Ich will jetzt zurück, so bald es nur geht, nach Hause, zu uns, nach Berlin. Zurück in unser kleines Leben. Es ist Zeit. Wir waren lange weg.

Am nächsten Morgen sitzen wir wieder im vollgepackten Wagen und rollen aus der Einfahrt. Eure beiden Cousins winken, bis wir außer Sicht sind. Wir fahren den Meerwiesertalweg entlang und an der Uni vorbei zur Autobahn. Es nieselt, es wird lange kaum hell. Ihr guckt aus großen Augen durch die winzigen Tropfen auf den Fensterscheiben hinaus in den trüben Tag. Ich sitze schweigend auf dem Fahrersitz und steuere uns weg von dort, wo mein Leben angefangen hat.

Ist dieser kleine Ort nun meine Heimat? Meine Herkunft? Oder nur ein zufälliger Eintrag auf meiner Geburtsurkunde? Bin ich ehrlich zu mir selbst, wenn ich behaupte, ich hätte das alles lange hinter mir gelassen? Hängt ein Teil von mir nicht doch noch hier fest? Jahrelang war es doch meine Heimat, meine Welt, das Einzige, was ich kannte, all die Jahre bis zur dritten Klasse, als wir wegzogen von hier.

Woran liegt es, dass nun wieder all diese Erinnerungen da sind? Ist es die vertraute Umgebung, das Haus meiner Großeltern, in dem ich so viel Zeit verbracht habe? Oder seid ihr es, ihr seid doch jetzt so klein, wie ich es mal war? Spüre ich, dass der Sommer zu Ende geht, die Wärme, dass jetzt etwas anderes beginnt, unwiderruflich? Ist es die Suche nach den Anfängen, die für alle die Richtung vorgeben?

Mit acht Jahren habe ich das kleine Saarland verlassen, bin seitdem nur in den Ferien zurückgekehrt oder zu Familienfeiern, in manchen Jahren auch gar nicht. Meine Heimat? Oder ist es doch nur die Sehnsucht nach dem Kindlichen in meiner Erinnerung, nach einer Welt ohne Verantwortung? Eine neue Zeitrechnung fing ja damals an mit unserem Umzug, 1991, am Ende der Sommerferien, als wir alle ins Auto stiegen und erst nach sechs Stunden wieder anhielten, vor einem fremden Haus am Rand einer fremden Stadt, Magdeburg, den Namen hatte ich nie vorher gehört. Hier würden wir nun leben, hier, wo vor Kurzem noch ein anderes Land gewesen war, hier sollte jetzt unser Zuhause sein, hier, wo alles anders schien, die Straßen holprig, die Hausfassaden alt und grau. Eine neue Welt?

Mainz, Frankfurt, Kassel, Göttingen, wir fahren den ganzen Morgen über die Autobahn, irgendwann hört der Regen auf. Wir fahren, so lange ihr es aushaltet, halten dann am Rastplatz, wechseln euch beiden die Windeln im Wickelraum, der zu klein ist für uns vier mit Rucksack und Milchtasche und allem. Wir füttern euch eure Gläschen hinten im Imbissrestaurant vor den neugierigen Blicken einer Gruppe von Rentnern. Ich hole vorne an der Heißtheke noch schnell etwas zu essen für eure Mutter und mich, dann dränge ich schon aufs Weiterfahren. Ich bin ungeduldig, habe jetzt genug vom Reisen und von den ewigen Baustellen, die nach den Sommerferien einmal quer durchs Land aufgerissen worden zu sein scheinen. Wieder 20 Kilometer nur Tempo 80, wir verlieren Zeit, denke ich wieder und wieder, viel Zeit, dann merke ich, was für ein lächerlicher Satz das ist.

Ich weiß nicht, woher sie kommt, meine Rastlosigkeit, auch ihr beide seid unruhiger als sonst beim Fahren, wacher als auf der Hinfahrt, ihr seid so viel größer, interessierter, doppelt so alt plötzlich. Erst als wir an Braunschweig vorbei sind, auf der breiten A2 die letzten paar Hundert Kilometer unserem kleinen Zuhause entgegenrollen, beruhigen sich die Dinge wieder, auch in mir. Ihr schlaft nun wieder friedlich auf dem Rücksitz, bald schon haben wir Wolfsburg hinter uns gelassen und den eckigen Grenzturm von Helmstedt, dann wachsen wie zwei Bleistiftstummel die Türme des Magdeburger Doms aus dem Horizont.

Wann ist es so weit? Wann lässt man ihn hinter sich, den Schutz der eigenen Kindheit? Wann hört das eine auf, und das andere fängt an? Wann endet es, das Kindsein? Wann war es bei mir so weit? Vielleicht an dem Tag, als ich in einem kahlen Zimmer stand, das nun meins sein sollte, ich erinnere mich an das seltsame Gefühl der Fremdheit, meine Stimme kam als Echo von den Wänden, der Möbelwagen war noch unterwegs. Alles war nun anders. Kein Spielplatz mehr eine Ecke weiter, kein In-Markt unten an der Kreuzung mit seinem freundlichen Licht und der Micky Maus in der Auslage und der Verkäuferin, die mich kannte und meine Mutter und meine Oma und alle anderen im Viertel auch. Nichts von alledem, nur noch der Herbstwind im Hof und eine leere, dunkle Straße vor dem Haus und der lang gestreckte Garten und das offene Feld vor dem Küchenfenster.

Ist das der Moment, sind das die Tage gewesen, damals, am Ende des Sommers, als sich die Dinge in mir verändert haben, so plötzlich wie all das um mich herum?

Niemand hat mehr ausgesehen wie ich in dieser neuen Stadt, die Klamotten anders, die Frisuren auch, selbst eine andere Sprache schienen sie zu sprechen. Ich sehe mich noch beim Bäcker stehen und sechs Weckchen bestellen und den entgeisterten Blick der Verkäuferin. Sechs was? Ich sehe uns noch zur Telefonzelle an der Ecke laufen, Mama und mich, die schwere Tür, ein paar Mark in kleinen Münzen in meiner feuchten Hand, manchmal konnten wir Oma ein paar Minuten hören, bis die Verbindung abbrach, manchmal versuchten wir es ein Dutzend Mal und kamen nicht einmal durch.

Nichts war, wie es sein sollte, das sah ich schon mit einem Blick in meinen Westermann-Atlas. Wir kamen doch aus dem Süden, aus dem Westen, Frankreich nur einen Steinwurf entfernt, jetzt aber waren wir im Norden, weit im Osten auch. Meine Grundschule hatte einen russischen Namen, Arkadi Gaidar, und morgens fuhr ich mit dem Fahrrad die dunkle Landstraße entlang, so schnell ich konnte, links und rechts die Kirschbäume, durch die unheimlich der Wind fuhr. Immer schien er hier zu wehen, der Herbstwind.

Die Mülltonnen waren nicht mehr aus Plastik, sondern aus verbeultem Blech, die Straßenlampen gelbe Funzeln, die kaum zwei Meter weit leuchteten, und für das, was im Haus das Klo runterging und den Ausfluss, war hinten im Schuppen eine Senkgrube unter ein paar losen Holzplanken. Alle paar Wochen wurde sie leer gepumpt von einem Wagen mit einem langen Schlauch, der stinkende Flecken hinterließ in der Einfahrt und im Hof, bis zum nächsten Regen.

So war unser neues Leben am Rand der Stadt mit den beiden Bleistifttürmen. Nur zu Hause waren die Dinge noch so wie vorher, da waren die gleichen Möbel, mein altes Bett, das IKEA-Regal mit meinen Büchern, der Schreibtisch am Fenster mit der weinroten Auflage, der alte Hi-Fi-Turm mit dem doppelten Kassettendeck. Unser Haus, das war meine Zeitkapsel, hier war ich noch der, der ich vorher war. Hier störte mich keiner, außer ich musste zur Schule oder zum Essen. Mein Zimmer, meine Welt.

Sollte doch der Wind draußen den anderen Angst einjagen, sollten sie doch ihre eigene seltsame Sprache sprechen, die nie meine werden würde. Solange ich meine Bücher hatte und die Legoburg und das Playmobilfort mit all den gut bewaffneten Kavalleristen, die meinen Befehlen gehorchten, konnte mir wenig passieren. So habe ich mich in der kindlichen Fantasie verloren, in den fremden Welten der bunten Steine und den blumigen Sätzen meiner Indianerromane, habe 400-Seiten-Bücher an einem Sonntag verschlungen und zu den immer gleichen Kassetten die Figuren aus meinen Comics abgezeichnet. So fing ich schließlich an, eigene Storys zu erfinden, Figuren zu entwerfen, neue Actionhelden, Einzelkämpfer alle mit ihren eigenen speziellen Geschichten und besonderen Persönlichkeiten. Plötzlich wollte da so viel heraus aus mir, Formen, Worte, meine Mutter konnte kaum genug Zeichenpapier heranschaffen und Blöcke und karierte Hefte aus dem Schreibwarenladen hinten im Gewerbegebiet, schon war wieder alles voll.

Es war ein Sturz ins Selbst, eine Explosion des Kreativen, bald stapelten sich überall die losen Blätter mit Skizzen und Entwürfen und Zeichnungen und Texten, der Ausdruck eines Kinds, das auf der Flucht war vor der Wirklichkeit.

Alle schienen mir zu weit weg, um mich zu verstehen, auch meine Schwestern, fünf und acht Jahre jünger. Wie glücklich ihr seid, denke ich jetzt, ihr werdet immer einander haben. Zwei Schwestern, die nur zwei Minuten trennen, zwei Menschen im gleichen Moment. Ein Glück und auch eine Aufgabe ist das. Ihr könnt euch nicht ausweichen.

Lange hat es gedauert, bis ich schließlich wieder zu mir selbst gefunden hatte, Jahre, und manchmal frage ich mich, ob ich eigentlich jemals wieder aufgestanden bin von diesem Schreibtisch in der fernen Ecke meines Kinderzimmers. Sitze ich nicht immer noch alleine da und ringe mir Worte ab für das Unausgesprochene, suche Ausdruck im Sprachlosen, quäle mich, um dem Sinn zu geben, was da draußen vor sich geht und in mir selbst?

Sie hat uns alle zu anderen Menschen gemacht, diese erste Zeit weit weg von zu Hause, mich und meine Schwestern und auch meine Eltern. Ein erster großer Einschnitt, eine tiefe Veränderung, ein Heimatverlust. Etwas hat plötzlich aufgehört von dem, was unveränderlich schien, etwas von der Unwissenheit, der schönen Gedankenlosigkeit, vom Kindsein, und etwas anderes fing an.

Das ist das Wesen der Veränderung, denke ich heute, wir brauchen sie, um größer zu werden, als wir sind, aber sie hinterlässt auch Spuren in uns, tiefe Spuren wie Stiefel im feuchten Schnee.

Wir fahren jetzt mit der Nachmittagssonne im Rücken, sind lange an den Domtürmen vorbei und über die Elbbrücke. Weit ist es nicht mehr bis Berlin, links und rechts der Autobahn reihen sich schon die magersüchtigen Kiefern mit ihren Stämmen wie unrasierte Beine. Die letzten Kilometer unserer Sommerreise, es ist vorbei mit der Ruhe. Ihr schreit und schreit hinten auf der Rückbank, ein gellendes Konzert der Erschöpfung. Ihr habt endgültig genug vom Gefängnis eurer Liegesitze, von den verschwitzten Rücken und der stickigen Autoluft.

Wir können euch nicht mehr beruhigen, haben alles probiert, Musik, Schnuller, Grimassen, zwecklos. Zum Pausemachen ist es zu spät, wir sind doch gleich da, denke ich, aber wann ist gleich, in 30 Minuten, 40? Wir müssen noch über den halben Stadtring nach Norden, jede Minute kommt mir vor wie eine Stunde. Ich sehe Autos stehen oben auf der Zubringerbrücke, die Fahrbahnen werden noch mal voller, aber wir halten nicht mehr an, wir schlüpfen durch.

Die Minuten zerfließen, ihr schreit aus vollen Hälsen, es gibt nichts, was zu machen oder sagen wäre, wir sitzen nur da, eure Mutter und ich, schauen beide nach vorne und reden nicht mehr. Ich will, dass es vorbei ist, sofort, seid still, haltet euren Mund, ich tue doch schon alles, dass wir so schnell wie möglich in unser gottverdammtes Viertel kommen. Es sind die Momente, die ich hasse, dieses Gefangensein im Lärm, im Stress, keine Chance abzuhauen, am liebsten würde ich schreien wie ihr.

Dann, irgendwann, sind wir endlich auf der Avus, der Funkturm kommt in Sicht, der Abzweig Richtung Wedding, ich halte mich gleich ganz links, wir rauschen an den Fahrzeugkolonnen auf den rechten beiden Spuren vorbei, hinten am Großmarkt runter, bevor der nächste Stau droht. An der Ampel sehe ich eure roten Gesichtchen im Rückspiegel, eure tränenden Augen. Ihr holt Luft, schaut nach draußen. Zwei Kinder, die ungeduldig auf das warten, was da kommt. Ich verstehe euch. Ihr tut mir leid. Wie oft habe ich selber dahinten gesessen, habe genervt, gequengelt, wann machen wir Rast, wann sind wir da, nach dem großen Umzug noch so viele Male, ein Kind wie ihr, das alles erwarten kann, ohne ans Geben denken zu müssen.

Dagegen jetzt der ganze Kram in meinem Kopf, all das Zeug, an das zu denken ist, die tausend Handgriffe jeden Tag, damit es weitergeht, damit wir sicher ans Ziel kommen, damit alles gut geht. Ihr beide, das weiß ich jetzt, ihr seid der noch größere Umbruch, der eigentliche Cut. Dagegen kommt kein Kindheitsumzug an.

Wir rollen langsam durchs Viertel. Ich sehe unser Haus da am Ende der Straße, den Balkon, unser kleines Stück von der großen Stadt. Hier lagen wir an einem lauen Sommerabend vor einem guten Jahr, eure Mutter und ich, nebeneinander auf dem Bett. Ich erinnere mich gut, die Kinderstimmen hinten im Hof, der Fußball, der gegen das Gitter knallte, und das Flirren der Eichenblätter vor dem offenen Fenster.

Wir lagen auf dem Rücken, wir haben nicht geredet, eure Mutter und ich, und hatten das Gleiche im Kopf. Ich lag da, starrte an die Decke und dachte an die drei Herzen, die da neben mir schlugen, ich wusste nicht, wie das alles gehen sollte. Zwillinge. Ich weiß noch, wie dieses eine Wort, dieser eine Gedanke mich schwer gemacht hat und schwerer, wie er mich immer tiefer in die Matratze gedrückt hat. Nie vorher hatte ich so etwas gespürt. Zwillinge, dachte ich, wieder und wieder, zwei Kinder! Erst in dem Moment, an diesem Abend damals ist er mir klar geworden, der Umbruch, der Einschnitt, der mich seitdem begleitet, der größte von allen.

Immer, all die Jahre, bin ich Kind gewesen. Jetzt bin ich Vater und werde es immer sein.

Das Ende des Lavierens, des Wird-schon-irgendwie. Ich und eure Mutter, das ist sie schon, eure kleine sorglose Welt. Ihr folgt uns überallhin. Ihr seid jetzt genau wie ich damals als Kind, auf der Schaukel hinten in Omas und Opas Garten, ihr lacht und ruft und braucht immer neuen Schwung.

Kindheit, denke ich, das ist das Hier und Jetzt. Jeder Tag als neue Wirklichkeit, als Alles-was-zählt. Kindsein, das ist Leben ohne Sorge um das Morgen. Und Heimat, das ist gar kein Ort. Meine Heimat, das seid jetzt ihr.

Wir sind
die anderen

Ich höre die Stimme eurer Mutter, ich höre sie flüstern, direkt neben mir im Bett. Ich denke, ich träume, dann sehe ich den Schein ihres Handybildschirms im Nachtdunkel unseres Schlafzimmers. Er führt, flüstert eure Mutter neben mir im Bett, er gewinnt.

Sie muss sich vertan haben, denke ich. Sie wird doch noch aufholen, die großen Städte, Kalifornien, das wird schon. Ich angele nach meinem Laptop neben dem Bett, aktualisiere den Livestream von CNN, sehe die beiden Zahlen, die blaue und die rote, sie ist fast doppelt so hoch, steigt immer weiter. Mein Blick trifft den eurer Mutter.

Er gewinnt, denke ich. Scheiße, jetzt gewinnt Trump wirklich.

Reglos verbringen wir die nächste Stunde, halb sitzend, halb liegend, die Beine unter der Bettdecke, wir starren auf den Bildschirm und sehen die beiden Zahlen, die blaue kriecht der roten vergeblich hinterher. Es ist hoffnungslos, aber wir schauen weiter zu, so lange, bis es feststeht, bis es endgültig ist, bis alle Sender und Zeitungen es vermelden. Und kurz darauf hören wir eure Stimmen über das Babyfon.

Ihr seid wach und hungrig, ihr freut euch auf einen neuen Tag, und ein Lügner, Betrüger und stolzer Frauenbegrapscher ist Präsident der USA, der mächtigste Mensch der Welt. Es sollte mir egal sein. Aber wie könnte es?

Ich stehe auf und gehe rüber in die Küche, das kalte Parkett unter den bloßen Füßen. Ich stelle den Wasserkocher an und mische euch eure Fläschchen. Durch die geschlossene Tür höre ich euch jubeln, ihr seht das Licht im Flur, hört die Geräusche von nebenan, ihr wisst, es geht gleich los.

Als ich die Tür aufmache, sehe ich euch in euren beiden weiß lackierten Gitterbettchen stehen. Ihr strahlt mich an. Die Weltpolitik ist kein Maßstab in eurem Leben, heute Morgen beneide ich euch darum, kurz will ich sein wie ihr, ein Kind, gedankenlos, für ein paar Stunden, Tage, für vier Jahre vielleicht.

Ich hebe euch aus dem Bett und setze mich neben euch auf den Teppich. Ihr trinkt mit Andacht, ohne die Flasche abzusetzen, zwei kleine durstige Seelen in hellgrauen Schlafsäcken, zwei Babys, die langsam Kleinkinder werden, noch seid ihr euch selbst genug. Noch habt ihr nicht angefangen zu fragen, was das alles heißt, wie das geht, noch wollt ihr nicht wissen, wie die Dinge funktionieren.

Aber ich höre sie doch, all die quälenden Fragen, lauter noch als sonst an diesem Morgen nach der schlimmen Wahlnacht. Was soll jetzt werden, aus mir, aus euch, aus der Welt, in der wir leben? Wo sind wir hier nur gelandet?

Ich schaue mich um, während ihr trinkt, hier in eurem ersten eigenen Zimmer, ich sehe die frisch geweißten Wände, den Wickelaufsatz auf der neuen Kommode, das offene Schränkchen mit euren ersten paar Bilderbüchern, das vorher in der Küche stand. Unser neues Leben. Wir haben sie wirklich bekommen, die Wohnung, die wir wollten, die wir uns erträumt und den ganzen Sommer ersehnt haben, drei renovierte Zimmer mit hohen Decken, großer Durchgangsküche und einem neu gefliesten Bad, seit einer guten Woche sind wir erst hier. Und der große Traum versinkt erst einmal im Chaos von tausend ungetanen Dingen. Ich denke an all die halb ausgepackten Kisten drüben im Wohnzimmer, an das Bücherregal, das ich an die Wand dübeln muss, heute, morgen, sobald es geht. Und zwischen all dem ihr beide. Wenn ihr nicht wärt, ich würde mich wohl noch fremder fühlen hier.

Die Wirklichkeit hat es immer schwer, gegen den Traum an-
zukommen, sage ich mir, ich muss Geduld haben, vertrauen
auf uns und auf das, was kommt, aber an diesem Morgen
scheint mir das noch schwerer als sonst, fast unmöglich.

Ein neuer Ort, am anderen Ende der Stadt, zwölf Jahre war
ich im Nordosten, auf der anderen Seite, ein kleines Berliner
Leben im ewigen Provisorium. Hier aber, in der so genann-
ten City-West, ist alles weit und schön und kalt, so kommt
es mir vor. Vielleicht ist es nur der graue Winter da draußen vor dem Fenster. Vielleicht aber ist es auch der Schock
dieser Nacht, der mir jetzt die Zuversicht nimmt. Es ist das
passiert, was wir befürchtet und nicht für möglich gehalten
haben, Trump ist gewählt, sie haben einen Clown zum Prä-
sidenten gemacht, und keiner lacht mehr.

Und nun also, drängender, lauter, all die Fragen, all die
Zweifel, wegen ihnen habe ich ja erst mit diesem Text hier
angefangen, am Anfang dieses Jahres, das nun bald schon zu
Ende geht. Was soll aus euch werden, wo wachst ihr da hinein? Wird es, wenn ihr groß seid, noch all das geben, was
wir immer für selbstverständlich hielten, Frieden, freie Wahl
und unsere Würde? Werdet ihr es so gut haben wie wir? Ent-
wickeln sie sich zum Guten, die Dinge, oder doch schon
längst ins Gegenteil? Gibt es wieder Krieg, hier im Westen,
in Europa? Alles scheint plötzlich möglich.

Wie werden sie euch behandeln in dieser Trump-Welt, die nun heraufzieht, zwei Frauen im 21. Jahrhundert? Als was werdet ihr gelten dürfen, ihr Grenzgänger zwischen zwei Ländern, zwei Kulturen, die jetzt noch gut befreundet sind, aber wer weiß. Frankreich, das Land eurer Mutter, wählt im nächsten Jahr, und alles scheint nun vorstellbar in der Stunde des Lügners, der so viel Hass versprüht hat und Verachtung, auf Mexikaner und Moslems und auf stolze, mutige Frauen. Auf alle, die nicht in seine kleine Zirkus-welt passen.

Wie konnte es so weit kommen? Ein Hassprediger im Wei-ßen Haus. Ein ewiger Prahlhans, der selbst kleinen Mäd-chen nachgeifert und sich laut vorstellt, was er in ein paar Jahren mit ihnen so alles gerne machen würde. Wie be-schütze ich euch vor Leuten wie ihm?

Eure Mutter kommt, um euch zu wickeln und anzuziehen. Ich mache die Kinderzimmertür hinter mir zu, tappe durch die halb dunkle Wohnung, stoße mit den Zehen an Papp-kartons, spüre die Müdigkeit in den Knochen und im Kopf. Ich brauche seltsam viele Schritte, um das Wohnzimmer zu durchqueren, unser neues Leben ist mir noch zu groß. Ich schaue hoch zur Decke, die so weit weg ist, fühle mich verlo-ren inmitten all des Neuen und Schönen. Ich stelle mich ans Fenster und sehe die menschenleere Straße, das glänzende

Kopfsteinpflaster. Was machen wir hier? Glücklich sein? Einfach so?

Ein Aufbruch, ein neues Leben, aber ich fühle mich leer und schwach in diesen ersten Tagen. Der November zieht sich, jeder Tag eine neue Aufgabe. Die Kleiderschränke, die Bücherkisten, die Kücheninsel, im Bauhaus kaufe ich Schrauben, Werkzeug und Gardinenstangen. Irgendwann ist der letzte Karton ausgepackt, das Regal hängt, wir finden eine günstige Couch, die sich ausziehen lässt zu einem Gästebett, ich schleppe sie die Treppen hoch mit einem Freund.

Aber in mir ändert sich lange nichts. Es muss das Wetter sein, eine kleine Winterdepression, wer weiß. Seit Wochen hat es kein Lichtstrahl durch den grauen Himmel geschafft, auf der Straße zieht einem die Kälte durch alle Nähte. Vor ein paar Wochen noch saßen wir in Shorts auf der Terrasse eurer Großeltern, jetzt brauche ich Wollhandschuhe, um euren Wagen zu schieben. Er ist ein alter Bekannter, der Berliner Winter, aber man macht nie seinen Frieden mit ihm. Es geht mir alles zu schnell, vielleicht ist es das.

Die Nachrichten sind voll mit Schreckensprognosen, alle spekulieren, was Trump anrichten wird, was alles kaputt-geht, sobald er im Januar im Amt ist, alle hacken auf denen herum, die ihn gewählt haben, wie konnten sie nur, was

141

dachten sie sich, bald schon geht es mir auf die Nerven. Ich lese viel zu viel, jeden Tag neue Berichte, Analysen, Meinungsstücke, ich kann nicht damit aufhören, schicke Nachrichten an amerikanische Freunde, warte auf ihre Antwort. Es beschäftigt mich, was da mit dem Land passiert, in dem ja auch ich ein Jahr meines Lebens verbracht habe, dieses große offene Land, das immer ein Versprechen sein wollte und im Moment nur ein ausgestreckter Mittelfinger ist an den Rest der Welt.

Ja, wie konnten sie nur, was dachten sie sich? Sie, seine Wähler, die anderen. Die, die nicht so denken wie wir, wie eure Mutter und ich und alle unsere Freunde. Tja, was ist mit ihnen los? Haben sie den Verstand verloren? Sind sie schlechte Menschen, die Trump-Wähler? Sind sie dumm, verantwortungslos? 60 Millionen Rassisten und Frauenhasser und Menschenfeinde? Ich will es nicht glauben.

Haben sie sich nicht am Ende einfach für den entschieden, der ihnen mehr versprochen hat? Mehr Geld, mehr Freiheit, das Blaue vom Himmel. Der amerikanischere Kandidat, wenn man so will. Sie haben ihm gerne alles geglaubt. Es ist die alte Geschichte vom Traum und der Wirklichkeit.

Ja, sie haben ihn gewählt, all die alten Fabrikarbeiter, all die Jungen ohne Ausblick und die Farmer im Westen und die Südstaatler und Kleinstädter mit ihren drei Jobs, die nicht zum Leben reichen. Sind sie deshalb schlechte Menschen? Wollen sie am Ende nicht auch, was alle wollen, auch eure Mutter und ich, wollen sie nicht einfach das Beste für sich und die Ihren?

Sind wir es nicht, die engstirnig sind, so schnell, wie wir über sie urteilen? Über die da drüben, die anderen. Nun, sie denken anders als wir, sehen andere Menschen jeden Tag, lesen und hören andere Dinge. Viele von ihnen mögen nie über eine Grenze gegangen sein, haben nicht die Welt gesehen, den Geist von Europa, die Städte von Asien, all die Länder und Menschen. Vielleicht hatten sie nicht die Chancen, nicht das Glück wie wir. Ich will sie nicht entschuldigen, sie hätten es trotz allem besser wissen können, besser wissen müssen wahrscheinlich. Hätten sich die Entscheidung zumindest schwerer machen müssen.

Aber wisst ihr, Frida, Ella, es ist immer am leichtesten, immer die billigste Lösung, gegen die zu sein, die anders sind als die meisten. Das gilt für sie wie für uns. Es ist leicht, auf andere herabzusehen, sich schaudernd abzuwenden von denen, die man nicht kennt. Die anders sind. Nicht so weiß, nicht so reich, nicht so laut. Aber wohin soll das führen, wenn alle so

143

denken? Noch mehr vom Gleichen? Drohen wir nicht ohnehin alle schon zu ersaufen im Strom der Masse? Wann habe ich das letzte Mal mit jemandem diskutiert, der wirklich und grundsätzlich anderer Meinung war als ich?

Jeder will den anderen gefallen, und am leichtesten ist es da immer, ihnen nach dem Mund zu reden. Jeder muss das lernen, irgendwie, irgendwann, in der Schule, in der Familie, da draußen im Leben, dass es nicht darum gehen kann, sich gleichzumachen mit dem Rest. Nur muss der Rest das eben auch kapieren …

Ist doch in Ordnung, hat ein alter Freund von mir immer gesagt, wenn ich ihm irgendwas Verrücktes erzählt habe, irgendwas Unkonventionelles, was ich erlebt oder gehört hatte, irgendeine kleine Rebellion, die jemand angezettelt hatte mitten in seinem Alltag. Ist doch in Ordnung. Es ist leicht, ihn zu sagen, diesen kurzen Satz, schwerer schon, ihn wirklich zu meinen. Ihn zu leben.

»Normal könnt ihr nicht, oder?« Ich erinnere mich gut an die spontane Reaktion einer Freundin eurer Mutter, als sie hörte, dass da zwei von euch in ihrem Bauch waren und nicht nur eine. Ich erinnere mich an das Gefühl von Stolz und Trotz, das mich befallen hat. Wieso normal?, dachte ich. Normal sind doch schon alle anderen.

Nein, es ist gut, dass ihr zwei seid. Zwei Gesichter. Zwei Charaktere. Ihr seid keine Einheit, seid nicht »die Zwillinge«, sondern zwei Menschen, zwei Schwestern, wie meine Mutter einmal so schön sagte, die eben zufällig am gleichen Tag Geburtstag haben. Ich bin stolz, dass da zwei sind von euch, gleich zwei auf einmal. Da hat uns jemand etwas zugetraut, uns und euch.

Auch ihr seid anders, seid stolz darauf, es ist euer Recht, nutzt es, fordert es ein. Ich habe Jahre gebraucht, ein halbes Leben, aber heute weiß ich, es erfüllt so viel mehr, nicht wie alle sein zu wollen, nicht alles nachzumachen, was um einen herum passiert, nicht ständig zu kopieren, um zu verstecken, was man selber kann und was nicht.

Der November ist vorbei, euer erstes Jahr geht seinem Ende entgegen. Die nahen Feiertage geben allem wieder etwas mehr Sinn, eine Perspektive, draußen bricht manchmal sogar wieder die Sonne durch die Wolkendecke, sie tut gut, auch wenn sie kaum wärmt um diese Zeit. Es ist Vormittag, eure Mutter ist unterwegs, ich habe euch in den Laufstall gesetzt im Wohnzimmer. Ich sitze auf der Couch und schaue euch zu. Ihr sitzt euch gegenüber, dreht euer Spielzeug in den Händen, eine friedliche Szene. Bis du dich vorbeugst, Frida, eine schnelle, unerwartete Bewegung, du streckst beide Arme aus, schon hast du deine Schwester an den Haaren gepackt und reißt sie mit dem Oberkörper nach vorne, bis auf den Boden. Du schreist laut auf, Ella, vor Schmerz oder vor Schreck, ich springe auf und versuche euch zu trennen, ich muss jeden Finger einzeln lösen.

Ich weiß nicht, was in euch gefahren ist, es ist das erste Mal, dass ihr so seid. Ein paar Minuten später geht das Gleiche von vorne los. Das Haareziehen, die Schreie, ich springe dazu. Sie ringen schon in euch wie in jedem Menschen, denke ich, diese beiden ungleichen Geschwister, die Vernunft und der Augenblick. Schon hat er begonnen, der alte Ringkampf, wer wohl stärker ist, und wir müssen eure Richter sein, ob wir wollen oder nicht.

Ihr habt euch verändert in unserem neuen Zuhause, schlaft ganz selbstverständlich die Nacht durch, weit weg von uns in eurem eigenen Bereich. Ihr werdet jeden Tag beweglicher, könnt schon sitzen und immer schneller durch die Wohnung krabbeln. Ihr testet Grenzen, kommt euch nahe und geht wieder auf Distanz. Da ist auch schon so viel, was ihr ausstrahlt, eine Tiefe, die ich nicht so früh erwartet habe. Ihr nehmt alles auf, alle Details, reagiert so sensibel auf Stimmungen, werdet ganz still, wenn wir uns streiten, eure Mutter und ich, lasst uns sofort wieder verstummen, wenn wir einmal lauter werden, mit euren großen traurigen Augen. Und wenn ich zum Schreiben gehe und euch von der Tür aus Tschüss sage, fängst du, Ella, jetzt immer mit einer Hand zu winken an, ganz langsam und ernst.

Und immer wieder wiederholt sie sich, die Szene, immer wieder packst du, Frida, in diesen Tagen deine Schwester bei den Haaren und lässt nicht los. Böse Absicht? Ich weiß nicht. Wenn ich herangewetzt komme unter Flüchen, dann lachst du nur und freust dich, je mehr ich schimpfe, desto fröhlicher wirst du. Ein Spiel ist das für dich, denke ich, nur ein lustiges Spiel, eine halbe Stunde später das Gleiche von vorne. Die Haare, das laute Geschrei und dein Lachen.

Ihr konkurriert jetzt auch. Wenn ihr euch das Spielzeug wegschnappt, wenn ihr euch mit der Stirn umzustoßen versucht, wenn eine der anderen zu eng auf die Pelle rückt. Manchmal haut ihr dann auch mit der flachen Hand aufeinander ein. Auch ihr müsst das erst üben, womit wir Großen uns so schwertun. Auch ihr müsst lernen, miteinander zu leben. Zwei unterschiedliche Menschen.

Und natürlich ist es leicht für mich, über den Wert des Andersseins zu schwadronieren, weil ich eben doch so aussehe wie die meisten in diesem Land, weil ich die Sprache der Mehrheit beherrsche, die Regeln kenne, die hier gelten, die geschriebenen und die anderen auch. Aber da sind Hunderttausende, die nicht das gleiche Glück haben wie wir. Sie sind durch Wüsten gelaufen und über Meere gefahren, um zu uns zu kommen, die meisten in den Monaten, bevor ihr geboren wurdet, fast eine Million. Auch sie sind ein Grund für diesen Brief gewesen, sie und das, was sie ausgelöst haben in unserem Land. Dieses Gefühl der Zerrissenheit. Die Wut in den Gesprächen.

Die Stimmung hatte sich gedreht, über Nacht, so schien es. Was im Sommer vor eurer Geburt noch eine Selbstverständlichkeit schien, dass man denen hilft, die Hilfe brauchen, wurde nun zum Grund, Gespräche abzubrechen und Freundschaften zu kündigen. Auch ich habe das erlebt, wollte irgendwann selbst nicht mehr reden, mit den anderen, mit denen, die anderer Meinung waren, die dichtmachen wollten, die Grenzen, das Land, ihren Kopf.

Auch mir wurden die Bilder irgendwann zu viel, die überfüllten Boote, die Rettungswesten an den Stränden, ich wollte es nicht mehr ertragen. Aber vor allem konnte und wollte ich nicht verstehen, dass vielen Menschen hier, auch sie doch Söhne und Töchter, auch sie doch Oma, Opa, Onkel und Tante, die Kinder der anderen so gar nichts zu zählen schienen. Auch dann noch nicht, als die ersten leblos am Strand gelegen haben.

Was will ich euch sagen mit all dem? Ihr seid anders als alle anderen, das ja, aber alle anderen sind es auch, vergesst das nicht.

Und wollen nicht am Ende alle das Gleiche? Die Flüchtlinge und die Schlepper, die Ärzte und die Soldaten und die freiwilligen Helfer, die Politiker in Europa und die Wähler in Amerika, die Leute aus der Stadt und die vom Dorf, wollen sie am Ende nicht auch nur, was die Menschen immer wollen, ein besseres Leben, genug Geld in der Tasche für die kommende Zeit, eine kleine Zukunft für sich und die, die ihnen nahe sind?

Wir sind einer wie der andere und laufen ihm alle auf unsere eigene Weise nach, diesem seltsamen Ding, das wir Glück nennen. Nur denen, die uns fremd scheinen, wollen wir es nicht gönnen. Sollte uns die Liebe zu unseren Kindern nicht am Ende mehr verbinden als trennen? Ich erlebe es doch, jeden Tag. Die Menschen achten auf uns, sie halten an, wenn sie euch im Kinderwagen sehen, ich hätte es nie gedacht, aber sie interessieren sich, selbst im kalten Berlin, sie lächeln, winken und machen Platz für uns. Sie halten respektvoll Abstand an der Ampel, winken uns hinüber, selbst die notorischen Drängler in ihren Geländewagen, egal ob am Kudamm oder im Wedding. Es ist, als würdet ihr beide einen verborgenen Kern in ihnen treffen.

Schon in euren allerersten Stunden habe ich darüber gestaunt, noch im Krankenhaus. Ich muss jetzt zum Jahresende wieder oft daran denken, an diese ersten Szenen mit euch, an eure neue, ungeahnte Kraft. An den Mann in der Handwerkerhose im Gang der Geburtsstation, ein Riesenkerl mit mächtigen Pranken. Wie seine Augen feucht wurden, als er sich zu euch hinuntergebeugt hat, und sein Lächeln, plötzlich wirkte er wie ein Kleinkind, dieser Zwei-Meter-Mensch, von einem Moment auf den nächsten, das wart ihr, nur ihr beide. Oder der kleine Mann da im Warteraum der Kinder-Intensivstation, seine funkelnden Augen, als er euch entdeckt hat in eurem Rollbettchen neben mir. Wir hatten keine gemeinsame Sprache, und doch haben wir uns kurz unterhalten, er kam aus Afghanistan, war über die Türkei nach Europa gekommen, und seine Tochter, drei Jahre, sie lag dahinten, er zeigte den Gang hinunter, von wo das Piepen der Instrumente zu hören war, ein Sturz, er zeigte mir die Höhe mit der Hand, und ich lächelte aufmunternd und schaute schnell weg, meine Traurigkeit kam mir falsch vor, anmaßend. Es war doch nicht mein Kind. Stumm und hilflos saß ich da mit euch beiden, so gesund, wie alle Kinder sein sollten, im Wartesaal vor der Intensivstation, dabei mussten wir nur zum Ultraschall, die Schwester hatte uns falsch geschickt.

Fünf Tage in dem großen Krankenhaus in Berlin-Neukölln, wo die Menschen alle anders waren und alle gleich in ihren Sorgen und Hoffnungen, in ihrem Glück und ihrer Einsamkeit. All die Eindrücke, all die Erinnerungen, die verschleierten Großmütter auf dem Gang und die tätowierten Mütter mit den Neugeborenen und die jungen Männer unten auf den Bänken in der Halle.

Und dann die keifenden Kantinenfrauen am letzten Morgen, die Verachtung in ihren Blicken, zu mir waren sie noch so scheißfreundlich gewesen. Aber der Mann hinter mir konnte kein Deutsch, hatte sich kein Tablett genommen, irgendein läppischer Fehler. Ein Vater, gebeugt neben seiner kleinen Tochter, die ihm alles übersetzen musste, die deutschen Befehle, das Gebell dieser sehr deutschen Frauen, die ihren Frust ausließen oder ihr Weltbild an dem hilflosen Mann.

Ich hätte etwas sagen sollen, eingreifen, irgendwie, aber ich habe nur weggesehen, stumm den Kopf geschüttelt und mich nach unserem Zuhause gesehnt.

Er ist nicht immer zu verstehen, dieser Ort. Sie kann einem fremd werden, unsere Zeit.

Es ist schon fast Weihnachten, der Montag vor Heilig-abend, abends um halb neun. Ich sitze mit einem alten Kollegen in der S-Bahn, wir sind auf dem Heimweg von einem Redaktionsempfang, Bierchen und Schnittchen und ein allgemeines Wie-geht's-denn-so.

Ein Laster, sagt mein Kollege, da ist ein Laster in den Weihnachtsmarkt gefahren, in den am Zoo. Ein Unfall, sagt er, hoffentlich. Ich schaue ihn an. Ein Unfall? Ich habe jetzt wieder die Bilder vor Augen, die Bilder von unserem 14. Juli in Frankreich, die Bilder aus Nizza in der Nacht danach. Der LKW auf der Strandpromenade. Dann kommen schon die ersten Nachrichten von eurer Mutter, wo bist du?, pass auf!, es gab eine Attacke in der Stadt, komm schnell heim.

Als wir am Bahnhof Zoo halten, sehe ich all das Blaulicht, unwirklich verschwommen hinter dem Butzenglas der Bahnhofshalle, es ist ganz still, keine Sirenen, kein Lärm, auch in der Bahn nur ein paar gedämpfte Gespräche. Es ist gespenstisch. Zehn Minuten später schließe ich die Tür zu unserer Wohnung auf.

Jetzt ist es also passiert, hier bei uns, nur ein paar Haltestellen weiter, das, was wir so lange schon befürchtet haben. Terror in Berlin. Die Leute schreiben uns, sie melden sich aus aller Welt, manche das erste Mal seit Jahren. Sie fragen, wie es uns geht. Okay, schreibe ich. Wir sind okay.

Es schockiert mich nicht so sehr, wie ich gedacht hätte. Es hat sich doch nichts verändert, denke ich. Die Bedrohung ist da wie zuvor. Es ist alles noch ein bisschen näher, das ja, aber ich will nicht daran denken. Ich habe genug, genug für ein Jahr, genug schlechte Nachrichten. Ich wickele euch, mache euch Fläschchen und den Mittagsbrei. Wir kaufen ein für Weihnachten, putzen die Wohnung. Wir leben.

Dann sitzt ihr beide mit leuchtenden Augen unterm Baum. Draußen ist es schon dunkel, die Lichter funkeln. Eure Mutter hat euch eure schönen Kleidchen angezogen, ihr seid ihnen schon fast entwachsen. Wir nehmen euch auf den Arm und singen und weinen ein bisschen und halten euch so fest wir können. Wir sehen uns an, ohne etwas zu sagen, eure Mutter und ich, ein ganzes Jahr in unseren Blicken und all das, was in ihm war.

Lange bleiben wir noch so zusammen an diesem Heiligen Abend, nur wir und ihr, vier Menschen in ihrer kleinen zerbrechlichen Welt, und ich kann die Lichter sehen und das Glänzen in euren Augen, unsere Hoffnung.

Nachwort

Das also ist er, unser kleiner Anfang, ein paar erste Schritte. Ein Brief, um ein Gespräch zu beginnen, meine Worte auf Papier, eine bessere Form konnte ich nicht finden. Schon immer ist mir das Schreiben leichter gefallen als das Reden, vielleicht weil es mehr verzeiht.

Auch andere werden das hier lesen, aber das macht nichts, es ist ja für euch, dieses kleine Büchlein, für euch beide, meine Töchter. Bald werdet ihr laufen können und reden und schreiben und lesen, schon jetzt seid ihr keine Babys mehr, werdet langsam groß.

Und eines Tages, in ein paar Jahren, werdet ihr all das hier lesen können, wenn euch der Sinn danach steht, und, wer weiß, vielleicht helfen euch manche meiner Sätze, so wie sie mir geholfen haben in dieser neuen Zeit, die hinter uns liegt.

Die Dinge kommen, wie sie kommen, ich will mir nicht zu viel wünschen. Dass wir eine gute Familie werden, das wäre schon viel, eine Familie, die stark ist und sich nicht schrecken lässt von der Meinung der anderen und der Konvention. Eine lebendige Familie, die tut, was sie für richtig hält, die zusammen fröhlich sein kann und traurig, die laut wird und Feste feiert und streitet und miteinander weinen kann und sich dabei nicht vergisst zu sagen, wie unwahrscheinlich das alles ist und wie schön.

Ich möchte euch aufwachsen sehen zu zwei stolzen, starken Frauen, die wissen, was sie wollen, und dafür kämpfen und trotzdem ihre Schwächen offen zeigen können, weil das am schwierigsten ist in diesem Leben. Ich hoffe, ihr verzeiht mir, wenn ich schwach bin und ungerecht und egoistisch, zu laut oder zu leise, ich bin ein Mensch wie die anderen, ich vergesse viel zu schnell.

Und doch versuche ich es, wie ihr es versuchen müsst, immer aufs Neue, immer wieder den Berg hinauf, nie darf uns der Stein zu schwer sein. Ihr werdet sehen, hin und wieder bleibt er doch für ein paar Momente da oben liegen auf der Anhöhe. Das sind dann die wunderbaren Tage des Lichts, sie sind selten und kostbar, aber es gibt sie.

Ich sehe uns am Tisch sitzen, an einem warmen Abend, bis zu dem es noch weit ist von hier. Ich schenke uns Wein nach, und wir essen und trinken und lachen zusammen und bleiben noch lange so sitzen, eure Mutter und ich und ihr beide, unser Leben.

Sucht das Schöne, das Gute, oder lasst euch von ihm finden, und wenn es euch einmal begegnet, dann umarmt es und lasst es nicht los. Habt keine Angst, ihr werdet es schon erkennen, es ist gar nicht schwer, im Gegenteil, es ist etwas sehr Leichtes, Schwebendes, dieses Gefühl, das den Hals hinaufkommt und warm in die Wangen. Ein süßes Schweben, das Launen durchbrechen kann in Sekunden und alles schön macht, was eben noch hässlich schien.

Ja, sie hat sehr viel Kraft, diese kleine einfache Sache, ich weiß es, ich spüre es. Ich muss mich nur auf meinem Stuhl umdrehen und zu euch hinübersehen. Da sind sie, eure Augen, da ist euer Lächeln, eure große kindliche Liebe, mein Geschenk.